나는, 나에게 시를 가르친다

나는, 나에게 시를 가르친다

우한용의 詩/話 시집

수필과비평사

머리말

뭐 하세요, 할아버지

친손 외손을 가리는 것은 못된 습관이라고, 지상림은 생각하는 편이었다. 이유는 간단했다. 아들이나 딸이나 자녀가 부모한테 받는 DNA는 같은 양이라는 것이다. 물론 접하는 시간의 길이와 공간적 밀접성이 인간관계의 친소를 결정하는 것일 터이다. 거기다가 시간의 밀도가 친소관계를 만들어낸다는 생각을 하기도 했다.

대학에 들어간 외손녀 미강이 엠티 다녀왔다면서 집에 들렀다. 엠티 가서 무얼 느꼈는가 물으려는데, 미강이 먼저 이야기를 꺼냈다.

"할아버지, 희수가 뭐예요?" 미강이 물었다.

"갑자기 왜 희수가 궁금해졌는데...?" 상림이 미강을 건너다보았다. 얼마 전에 받은 유자효 시인의 시집이 미강의 손에 들려 있었다.

"이 시집, 〈시간의 길이〉 시인의 말에다가 '희수를 맞았다'고 써놓았는데, 며느리 이름이 희수?" 미강은 머리 위에다 물음표를 그려보였다.

그럴 만도 하다는 생각이 들었다. '고희' 정도야 대개 알 터이지만 '희수'니 '산수'니 하는 말들은 익숙하지 않을 게 당연했다. 그게 늙은이들 권리나 품위라도 되는 듯이 그런 말들을 쓴다. 뻔뻔한 일 같았다.

옛날 사람들이 쓰는 자체字體에 초서草書라는 게 있는데, 기쁠 희자(喜)을 칠七자 둘을 조합한 것처럼 쓴다는 데서 유래했다는 이야기를 했다. 문자학의 전통이 살아있는 동양문화권에서나 통하는 어법이었다. 당연히 알아듣기 힘들 거란 생각도 들었다.

"또 시집 내시게요?"

생각해보니 여섯 번째 시집이었다.

"페북 독자들 성화에 떠밀려 쓴 물건들이 꽤 된다." 상림은 물질과 물건을 구분하는 방법을 생각했다. 시가 물건인가?

"페친, 그 사람들 그 남들 성화에 못이겨 쓰는 시가 시다운 시가 될까요?"

"문학은 계기보다, 숙성 과정과 결과가 더 중요할게야." 미강이 꼬부장한 눈을 하고 상림을 쳐다보았다. 상림은 자기 이야기를 해나갔다.

숙성과정을 이야기하기는 했지만, 시는 조금 사정이 다른 것 같았다. 어떤 작가 말대로 논리나 이야기보다 '느낌'이 앞서는 게 시의 본질 아닌가 하는 생각도 들었다. 다른 경우도 있을 법했다. 한국인의 역사의식을 시로 쓴다면 그건 소설 구상하는 것만큼, 혹은 그 이상 숙고하고 논리를 세워야 할 터였다. 선택하는 대상의 특성이 논리를 어느 쪽으로 몰고

가는 것이었다. 달리 생각하면 논리를 세우고 그걸 정당화하는 자료를 찾아 설명하고 평가하는 게 문학논의의 방법이었다.

 문학, 또는 시를 쓴 결과가 작품이다. 그런데 그 작품이 어떤 평가를 받는가 하는 것은 작품 그 안에 평가척이 있는 게 아니다. 우공이란 소설가가 늘 이야기하듯 '타자의 시각'이 필요할 터였다. 그러자면 작품을 읽고 그 작품을 논의 대상으로 삼는 문학의 의미장에 노출되어야 한다. 최소한 누군가 읽어줄 사람이 있어야 한다. 그런데 읽어주는 사람의 평가가 객관성을 띠는가 하는 문제는 어설픈 기대에 머물고 마는 게 현실이다. 시인 자신이 생각한 것을 그대로 드러내 주는 글은 진부하다. 엉뚱한 데를 짚어 읽으면 오독이 혐오스럽다. 넘겨짚어 해석하는 경우, 새로운 의미가 작품에 부여된다. 그런데 실감이 적다. 뿐만 아니라 내가 스스로 낯설어진다. 그러면…. 상림이 말을 이어가기 전에 미강이 치고 들어왔다.

 "할아버진 엄청 다변예요. 아님, 달변인가?"
 "미강아, 세상에 말이다, 성인이라는 사람 치고 달변, 다변 아닌 경우 있더냐?"

 미강이 낄낄거리며 웃었다. 변명이라는 속셈이 분명했다. 상림은 근래 '웃는 인간'이라는 생각을 정리하고 있었다. 그러다 보니 웃음이란 게 간단치 않은 인간의 인류학적 과제인 게 틀림없었다. 그런데 상림 자신이 쓴 시에는 웃음이 크게 드러나지 않았다. 인간사 보편성을 띠는 일 치고 개인 맘

대로 되는 게 어디 흔하던가 하는 생각이 들었다.
 "성인은 글을 쓰지 않는다던데요, 할아버진 너무 많이 쓰시는 거 같아요."
 "넌 내가 쓴 글을 다 읽었느냐?"
 "당근, 아니지요." 요녀석이! 상림은 손을 들었다가 놓았다.
 "성인들은 대중연설가의 특성을 지닌 인물들이다. 종교와는 관계없이 말이다."
 "글로 써 놓으면 의미가 확정되어 해석의 소지가 줄어들까요?"
 "일반적으로 그렇다. 헌데 글도 글 나름이다."
 상림은 시와 역사를 대립적으로 생각하고 있었다. 한편으로는 동질성을 지니고 있는 게 사실이었다. 이는 공자의 시관과 사마천의 역사관 사이의, 미묘한 부정교합이었다. 인간의 순후한 품성을 중심으로 한, 사특함 없음을 생각한다는 '사무사思無邪'가 공자가 지향하는 시정신의 핵심이었다. 그에 비해 사마천은 역사에 대한 비판을 중심에 둔 글쓰기를 운명적으로 수행했다. 그러나 그것은 2천년 저쪽의 일이었다. 실감이 적었다.
 "저어기, 페이스북에 할아버지가 올리는 시들을 보면, 작년부터던가 시에다가 산문을 엮어넣는 식으로 하시던데, 설명이 필요한 시라니, 웃기지 않아요? 요리사 화법 같아요."
 "그래 그건 나도 망설이는 일이다만, 시는 시로서 완결성을 지녀야 한다는 생각과 함께, 해석의 코드를 약간 제공할 필요도 있다는, 의무감 비슷한 게 떠오른다."

 "모순 아닌가요, 독자의 상상력을 최대한 열어주자면 큐를 주지 말아야 할 건데…."

 "그게 문제야…. 그런데 말이다, 시의 의미는 텍스트가 일차적으로 해석의 방향, 큰길을 내준다. 그리고 작은 길들은 독자가 자기 체험과 취향 등에 따라 보충한달까, 그렇게 상응하면서 의미를 일구어내는 게 아니겠냐."

 "하긴, 에스앤에스에서는 아무말잔치 하는 것 같아요."

 "매체의 가벼움 때문에 그러할 것이다. 김소월의 '진달래꽃'을 영변에서 북한 핵실험을 예언한 작품으로 읽는 식이다." 미강이 빙긋 웃었다.

 "그런 매체에다가 왜 시를 올려요?" 미강의 눈꼬리가 꼬부장해졌다.

 "말하자면…" 상림은 페북에 시와 다른 글들을 올리는 이유를 이야기했다.

 시인은 누구나 좋은 시를 써야 하는 의무를 지니고 산단다. 시는 당대 사회의 공공재와 같은 것이다. 옛날에 시는 무상으로 공동체에 내놓는 텍스트였다. 누구든지 시를 쓰는 건 일종의 '증여' 행위였다. 따라서 시는 공적인 향유의 대상이었다. 시가, 책으로 장정해서 상품으로 내놓아 사적 향유물이 된 것은 근대에 와서이다. 글을 써서 SNS 매체에 올리는 것은 일종의 '포틀라치' 행위에 해당한다. 다른 말로 일종의 선물인 셈인데, 무상의 공여 즉 선물膳物은 그 선물을 받는 사람, 독자 또는 글을 읽는 다른 시인에게 도덕적 관점에서, 선물을 갚도록 하는 일종의 문화압력으로 작용한다. 그 결과 해당 사회는 소유의 안정을 기하게 된다. 선물을 주면 갚아야 한다는 의무감을 갖게 된다는 말이지.

"할아버지, 할아버지는 시인이라면서 말이 너무 길어요."

"성인은 다변이라지 않더냐, 너도 알겠지만…,나더러 아는 소리 한다고 핀잔주지 말고, 할아버지는 독자에게 문학을 공여하는 사람이다. 마르셀 모스(1872-1950)라고 알지? 모스가 쓴 〈증여론, Essai sur le don〉이라는 책에 나오는 내용이다."

"자본주의가 우리가 운용하는 체제의 최종적인 형태는 아닐지도 모른다는 거지요?"

"네가 나를 알아줄 만큼 큰 게 대견하다."

"할아버지 또 웃겨요. 나를 할아버지 '인정투쟁'에 배서하는 보증자로 내세우는 거예요."

"누가 들으면 웃겠다. 아무튼…"

"할아버진 할아버지께서 쓰시는 글이 우리 시대에 어떤 역할을 한다고 보세요?"

"글쎄다. 나는 내가 쓰는 글이 최소한 다른 사람들의 글쓰기 의욕을 촉발하는 구실을 한다고 생각하는 편이다."

"그게 몇 명이나 될까요?"

"선지자는 늘 소수야. 고난도 받고…." 미강이 후후 웃었다.

"저 배고파요." 미강의 눈길을 따라, 상림은 벽에 걸린 시계를 쳐다보았다.

"말예요, 할아버지, 오늘이 삼겹살데이라는 거 아세요?" 별 날도 다 있다, 그런 생각이 떠올랐지만, 삼겹살 먹으러 가자는 뜻으로 알아들었다. 3월3일, 강남 갔던 제비 돌아오는 날이 아니라 삼겹살 먹는 날이라니....

"죽은 돼지의 영혼을 위해....!" 상림은 그저 손녀의 잔에 자기 잔을 부딪쳐 주었다.

돼지의 영혼이라? 그것은 상림이 근래 주무르는 화두 가운데 하나였다. 그런 생각을 하는 것은 아내 때문이기도 했다. 아내 진영은 우주의 혼을 품어안고 오겠다고 네팔 여행을 떠났다. 별빛에 실려 전해지는 우주의 혼을 맞이하고 싶다는 것이었다. 꽃의 영혼, 다람쥐의 영혼, 그리고 소, 말 등의 영혼 그 위에 혹은 옆에 인간의 영혼을 자리잡게 하는 게 합리적인가 그런 생각을 하곤 했다.

"궁극적으로.... 할아버지는 왜 시를 쓰세요?"

"그게, 사는 거니까. 내가 미강이 만나 삼겹살 먹는 거나 시 쓰는 거나 한가지야. 다만 시를 쓰는 과정에서 돼지의 영혼도 생각해 보고 그러는 거야. 미강인, 관념은 실재다, 그런 명제 이해하겠느냐?" 미강이 고개를 저었다.

"우리가 무얼 가르친다고 할 때, 잊어버리는 게 있다. 가르치는 대상을 우리는 늘 대타적으로 설정한다는 점 말야. 노상 남을 가르치는 걸로 생각하지. 그런데 가르치는 건 자신의 존재 인식과 자아형성을 포함하는 거야. 그리고 어느 지점에 가면 그 가르침이 배움으로 전환한다. 그런데 언어의 한계 때문에 가르치고 배우는 걸 한꺼번에 이르는 말이 없어. 겨우 교학상장敎學相長, 2천5백년 전 이야기에 머물러 있는 셈이야."

"혹시 할아버지 이런 거 생각하세요?" 미강이 핸드폰에서 밥 딜런의 노래 '바람 속에'를 찾아 들으면서 따라 불렀다. 그게 밥 딜런 21세 때 부른 노래라는 이야기는 하지 않았다.

"네가 나를 아는구나. 내가 왜 시를 쓰는지 알겠지."

"할아버지 같은 시인이 세상에 가득하면, 그 때는 세상이 달라질까요?"

"아까 그 노래처럼, 끊이없이 불어가는 바람속에서나 그 형상을 그릴 수 있을까, 원."

"할아버진 죽을 때까지 자신을 연단한다는 말씀인가요?"

"연단, 단련 그게 가르침이라면 그리 해야겠지."

상림은 자기의 여섯 번 째 시집 이름을 메모지에 적어놓고 있었다.

상림은 외손녀 미강에게 용돈을 챙겨 주었고, 미강은 가벼운 걸음으로 카운터에 가서 식대를 계산했다.

계산대 위, 황금빛 돼지가 지상림을 향해 囍囍(희희) 웃고 있었다. *

(2024.3.3.)

■ 차례

머리말 _ 4

제1부 공화국 풍경

여행 - RUMI 풍으로	_ 18
나를 굴려가는 바퀴	_ 20
눈부심에 대하여	_ 22
페르시아 시장	_ 24
생일	_ 26
귀가 가렵다	_ 28
부끄러운 유산遺産	_ 30
제웅	_ 33
블랙홀에 대한……	_ 35
일방통행	_ 38
양평해장국집	_ 40
공화국 풍경	_ 43
과거사를 이야기하는 저녁	_ 45
허물	_ 47
강화에서	_ 49

반짝이는 소리	_ 53
홍도에게	_ 55
중독中毒	_ 59
활	_ 61
자하연紫霞淵	_ 63
개심사開心寺	_ 65
오대산	_ 68

제2부 꽃과 새와

수선화	_ 72
이팝나무	_ 74
도라지꽃	_ 76
금송화	_ 78
감자에 대한 억측	_ 80
청죽青竹	_ 83
파를 다듬으며	_ 85
예감豫感	_ 87
호박꽃 - '뿌리, 줄기, 꽃'을 한꺼번에 가리키는 말이 없다.	_ 89
삭정이	_ 91
백합百合	_ 93
무당거미	_ 97
청설모	_ 99

제3부 봄과 가을 사이

방콩과 바구미 - 입춘 지나며	_ 102
우수雨水	_ 104
꽃샘추위	_ 106
가을비	_ 108
입추 아침	_ 110
추석	_ 112
노을	_ 114
성인 탄생하신 날	_ 116
초겨울	_ 118
바람 부는 밤	_ 120
눈이 내려	_ 122
눈이 내린다	_ 124
가난한 하늘에서 내리는 눈	_ 126
겨울 골짜기에서	_ 129

제4부 인간사, 천사만사

장작을 패며 - 설날 할애비	_ 132
오해	_ 134
당신 뱃속 좀 봅시다	_ 136
빗소리	_ 138
달밤	_ 141
새벽	_ 143

붉은 꽃	_ 145
막걸리	_ 147
흰죽	_ 149
국수집에서	_ 151
갈비탕	_ 153
껍질	_ 155
대부도에서 - 피아니스트 H.J. LIM에게	_ 157
당숙어른	_ 159
창가에서 (1)	_ 162
창가에서 (2) - 창가는 볕이 좋아야 한다	_ 164
부고訃告	_ 166
훈장	_ 169
인사동에서 - 어떤 행복론	_ 172
그래, 우리가 가는 길은	_ 175
내외	_ 177
가을 바다 - 매창의 노래	_ 180
한국어사전	_ 182
남영동 지나며	_ 184
산은 산이로되....	_ 186
그믐밤 하늘을 보며 - 시치료학회 발전을 축원함	_ 189
해토머리 - 축혼가	_ 192
덧붙이는 글: 소설가 시인의 시교육 이야기	_ 195

제1부

공화국 풍경

여행
- RUMI 풍으로

솟구쳐 오르다가
처박혀 내리는 길

그 앞엔 어둠의 절벽
어둠이 잉태한 태양

태양이 품고 있는 심해
길에서 교차하는 광명과 암흑

그대라 부르면 이미 내 안에
그득히 다가와 남실거리는 영상이라

멀리, 아주 멀리, 가 보아도
막다른 골목에 서성거리는 내 그림자

    여행은 돌아오기 위해 떠난다. 여행의 목적지는 출발점이다. '큰 사상과 구조가 흡사하게 닮았다. 큰사상은 양 극이 서로를 포용하는 순환과 역설 가운데 진화하는 운동을 기본 골격으로 하는 발상을 보여준다. 불교적 발상으로 보면 낯익고, 논리학의 논리를 따라가

면 낯설다. 여행은 걱정으로 출발해서 혹심한 좌절을 겪기도 하고, 그 가운데 훤칠한 존재향상을 체험하는 과정이고, 그것은 결국 내면 탐구와 같은 궤를 이룬다.

루미 1207년 9월 30일, 당시 페르시아 영토였던 아프가니스탄의 발흐에서 태어났다. 인생의 대부분을 터키의 코냐에서 법률가와 신학자로 살다가 1273년 세상을 떴다.

루미는 이슬람 최고의 신비주의 시인이며 수피교단의 창시자이다. 루미의 수피즘의 전통은 황홀경에 회전춤을 추는 데 있다. 이는 메블레비 수도회의 삶의 방식이다.

루미는 〈마스나비〉라는 3만 6천 구의 서정시를 썼고, 산문집 〈피히 마 피히〉를 썼다. 타브리즈의 삼스엣딘을 사사했다.

루미의 시적 발상은 '큰사상들'과 두루 통한다. 루미가 살았을 때, 한반도는 고려 희종 무렵인데, 희종이 왕자였을 때 이런 말을 했단다. "사람들은 모두 자신의 과오를 모른다. 나 또한 스스로 알지 못하니 경들에게 부탁한다. 숨기지 말고 모두 언급해 주길 바란다." 이런 인식이 무신난을 극복할 수 있는 힘이었을지도 모른다.

회의와 신령의 춤… 그 사이에 무지개가 걸릴지도 모른다. 나는 그런 무지개를 찾아 떠나다가 내 그림자에 휘둘려 돌아오곤 한다.

(2024.1.23.)

나를 굴려가는 바퀴

웃는 그대 얼굴
한 아름 달로 떠올라
천천히 서으로 기울어간다.

그대 얼굴 바라보며
언덕 넘어가는 발길 멈추고
달빛 젖은 몇 줄 시를 적는다.

내 억센 말마디가 둥글어져
월륜月輪으로 구름 비껴가다가
떡갈나무 가지마다 도토리가 익는다.

월계수 아래 떡방아를 찧던 토끼는 잠수함 속으로 끌려들어갔다. 달의 '뒤께'에 날아가 앉은 인공위성 아디티야Aditya는 영원성을 상징하는 여신 'Aditi의 출현'이라는 뜻이란다. 이제 인도는 태양을 향해서도 위성을 쏘아올릴 모양이다. 인공위성이 태양에 가도 '삼족오'는 화염 속을 날아난다.

인간이 처음 달에 간 해 1969년. 그 해 7월 20일, 나는 김해 공병학교에서 훈련을 받았다. 그 고된 훈련에서 하루 쉴 수 있게 해준 은

덕이었다. 닐 암스트롱과 우주 비행사 두 사람. 미카엘 콜린스, 에드윈 알드린이 그들 이름이다.

사물은 사라져도 의미는 남는 경우가 있다. 사람들의 지혜가 자라나 달에 올라가 골골마다 누비고 다녀도 만월을 향해서는 소원을 빌고 싶어질 것이다.

오늘 밤 뜨는 달이 수퍼 블루 문Super Blue Moon이란다. 수퍼문은 만월, 블루문은 두 번째 뜨는 보름달, 그 단어를 묶어 그런 이름이 붙었다 한다. 아내가 스마트폰으로 수퍼블루문을 찍어 보내는 송신음 바람에 선잠이 깨었다.

아내는 다시 처녀적 얼굴 가득 웃음 띄우고 나를 바라보는 보살이 되는 날이다. 나를 굴려가는 것은 남들이 굴려가는 월륜月輪이다. 나에게 들어와 있는 남들, 그들은 나의 월륜이다.

(2023.8.31.)

눈부심에 대하여

빛이 부서지는…

사격장 사선 위
땅바닥에 배를 대고
표적지 바라보는 사이
패랭이꽃 한 송이, 눈이 아렸다.

헛총질 끝난 총을 손질해서
기름 먹이고 격발을 해보다가
손마디 때리는 공이 소리
가을 달빛이 총열에, 서릿발처럼 부서졌다.

구름 그림자 어슬어슬 더듬어가는 강둑
억새가, 은빛 꽃을 바람에 날려
내 생애 어느 마디에선가 빛고운 실오라기 빠져나간다.

　눈부시다는 건, 불편한 진실을 닮았다. 현란하게 다가오는 깨달음은 눈부시다. 눈이 부시면 진실에 대해 눈을 감기도 한다. 해서, 이걸 버려야 하나 그대로 두어야 하나 망설여지는 기억이다. 그런데 그런 기억은 눈부시게 사라지기도 한다. 존재의 소멸이랄까….

군에 입대해서 총을 쏘는 경험은 인간의 존재조건을 다시 생각하게 한다. 평화와 형성을 지향하는 인간에 엑스표를 하는 순간의 경험이다. 살의충동으로 가득한 인간…. 내가 방아쇠를 당기면 실탄이 발사되고, 그게 누군가의 가슴을 뚫어 피를 흘리고 죽게 할 수도 있다는 감각은, 달빛에서 서릿발을 느끼게 한다.

갈대와 억새를 구분하지 못하는 이를 두고 나는 눈을 흘긴다. 유튜브 박일남의 '갈대의 순정' 화면에는 푸른 하늘 아래 억새가 바람을 타고 날린다. 갈대는 순천만을 뒤덮고 있다. 갈대는 뿌리가 '바오밥나무'만큼이나 억세다. 바람에 흔들리는 갈대의 뿌리가 그렇다.

그런데 정작 나는 억새와 띠(풀)을 갈라 설명하기가 어렵다. 띠는 지붕을 이는 재료다. 그래서 초가집을 모옥茅屋이라 한다. 상춘곡에 "수간모옥을 벽계수 앞에 두고" 그런 구절이 나온다. 띠는 또 도롱이 (蓑, 사) 만드는 재료다. 내게 매우 익숙한 띠뿌리 향기는 마오타이(茅台) 술잔에서 느낀다. 어려서 씹어먹던 띠뿌리의 향기는 그렇게 살아 있다.

아무튼 억새꽃이 하얗게 날리는 언덕에서 나는 내 생애의 마디에서 시간의 은실(銀絲)이 빠져나가는 환상을 본다. 눈이 부셔 하늘 올려다보면 새털구름이 푸른 하늘을 곱게 쓸고 있다. 적멸寂滅까지 가지 않더라도 상관없다. 실곽했던 내 존재가 바람을 타고 갈꽃처럼 서서히 흩어져 허공중에 사라지는 모양을 나는 이 가을에 보는 것이다. 빛은 그렇게 부서진다.

(2022. 9. 17.)

페르시아 시장

길은 멀어도,
'이타카' 돌아가는 날은 언제나 흥성한 잔치다.
'모험과 배움'이 비록 적어도 여행의 끝에는
늘 장이 서고 모두들 경중거리며 장판으로 나선다.

설을 앞두고 어깨춤 이는 장이 벌어져
장꾼들이 모여들고 풍각소리와 재담이 어울린다.
설이라고, 대목이라고, 어머니 생일 내일이라고,
아버지 칠칠한 생애 희수喜壽 다가왔다고 모인 식구들

까짓거 본전 건졌으면 나머지야 어쩌면 대수랴
떨어 떨어 몽땅 떨어
공짜 공짜 정말 공짜
우울과 좌절과 망설임 다 떨어내고 아침을 기다리자.

생애가 의미심장하기만 해야 하겠는가
그대의 삶이 철학의 늪으로만 빠져서 쓰겠는가
그대와 나야 나이를 먹어 물러앉아야지만
아이들 맑은 바람으로 일렁이지 않는가, 내일로 가는 바람....

섣달 그믐날, 식구들이 모여 잔치를 열었다. 핑계는 여럿이다. 남태평양 여행 잘 다녀왔다고, 명절이라 식구 모두 모일 수 있는 날이라고, 그리고 엄마 생일 벌모레라고, 아버지 희수 다가온다고, 모일 수 있을 때 모여 판 벌리자고 '페르샤 장거리'가 벌어졌다.

알버트 윌리암 케틀비(1875-1959) 영국 출신 경음악 작곡가, 그의 '페르시아 시장에서 In the Persian Market'는 버글거리면서 몰려들어 흥겨운 장거리 풍경, 그리고 잔잔하게 퍼져나가는 선율 타고 추억을 더듬듯이 펼쳐지는 음향이미지는 매끄럽다. 애들 크는 거 신통하기도 하고 먹고 마시는 게 그저 흥겹고, 아들 딸 나이 먹는 거 거침없어 안타깝다.

나는 나도 모르는 사이에 무게잡는 인간이 되어버렸다. 환경이니 폭력이니 제국주의 어쩌구 하는 화두를 가지고 그걸 소설로 쓴다고 하는 게 가당치 않을지 모른다. 애들 크는 거 희망 삼아 내 무게를 좀 걷어내야 하겠다. 그러나 내 삶의 여정이 카바피스(Constantine P. Cavafis, 1863-1933)의 시 구절처럼, '모험과 배움' 또는 '경험과 지혜'로 가득하길 바라는 염원에는 변함이 없어야 할 듯하다.

새해가 갑진년甲辰年이라 한다. 이를 말장난 삼아, 나는 '값진년'으로 풀이한다. 값진 한해가 되길 바라는 마음이다.

(2024.2.10.)

생일

그대가 내 나이를 묻곤 했지.
나는 출생의 기억이 없어서
나이를 모른다 했잖아. 그렇지...?
내 생일은 어머니가 아시는데,
어머니는 저승에 계시어 나는 나이를 모른다.

내 생일이라고 축하를 보내오는 페친들
고맙기 짝이 없는데
나는 사는 게 가난해서
생일은 '생일꾼'으로 산 아버지 얼굴 불러온다.

아버지 '생일'에 지쳐 돌아올 때
나는 생인손이 아파 할아버지한테 매달렸는데,
"생인손에는 손가락에 장 지져야 하느니."
손가락에 장을 지지듯 살아서 오늘에 이르렀다.

그대들 보내주는 생일 선물 장미는
가시가 탱자나무 가시보다 억셀지도 몰라.
허나, 때로 향기가 날리기도 해야 하지 않겠나.
해서, 헤아려보니, 칠십 중반 문지방을 넘어선다!

내 고향은 충청도인데 거기서는 육체노동을 '생일'이라고 했다. 생일 하는 노동자를 '생일꾼'이라고 했다. '생일'은 노동을 환기한다. 생일로 생계 꾸리던 아버지 생각이 어찌 안 날까.

그때는 무슨 사정이었는지 '생인손' 앓는 애들이 많았다. 손가락에 장을 지진다는 말도 자연스럽게, 아니 정말 아프게, 알게 되었다. 생인손은 손톱뿌리에 고름이 들어 낫지 않는 병을 말한다. 손가락에다가 '강된장'처럼 끓인 된장을 폭 덮어 매어주는 것을 손가락에 장을 지진다 했다. 이 말의 진정한 뜻을 나는 여기 매어두고 있다. 그래서 다른 상상은 애써 피한다.

그런 세월을 살다보니 고통이 삶의 감각을 일깨워준다는 것을 터득하게 되었다. 축제하듯 살라고들 하는데, 나는 그게 잘 안 된다. 가뭇없이 사라져버린 나의 축제는 나의 내면으로 스며들었다. 내면으로 스며든 생의 감각은 나이를 먹을 때마다 민들레 이파리처럼 파랗게 파랗게 살아나 스스로 흥겨워한다. 날개 달린 꽃씨도 푸른 하늘에 날린다. 그렇게 삶의 영토를 넓혀간다.

말하자면, 나는 문학의 생일꾼이다. 문학을 육체노동으로 생각한다. 글은 손으로 쓴다. 손은 내 몸이다. 내 몸은 나의 전부다. 머리와 가슴을 갈라 말하는 말버릇은 곤충의 상상력이다.

생일꾼의 영혼은 몸 그 자체이다. 축제와 노동이 몸 안에서 휘돌아간다. 인간의 역사는 에로티시즘의 역사이다.

(2023.1.30.)

귀가 가렵다

일을 마무리하고 잠자리에 든다.
화살 하나 귀에 들어와 박힌다.
화살을 안고 침대 밑으로 굴러 떨어진다.
나는 통시적通時的 가려움증에 어금니를 사려문다.

당태종의 화살이 수루루루 날아와 박히다가
고려 태조 왕건의 화살이 저르르 지나기도 하고
또 태조 이성계의 화살은 함흥에서 날아오고
저어 남해에서는 왜구의 화살도 날아와 박힌다.

내 귀는 새벽까지 화살을 받아내느라고
역사는 제 혼자 통시적 통시적 굴러가고
나는 면봉 들고 굼시럭거리다가, 땀 밴 속옷을 벗는다.

―――――――――――――

사랑하고 존경하는 국민 여러분! 귀가 가려워 잠을 못 자고, 환장하게, 새벽까지 바장이면서 귀를 괄키로 확확 긁어내고 싶은 그런 적 없으신지요? 귀에 온갖 버러지가 득실거려 어지러워 앞으로 고꾸라질 뻔한 그런 적 없으세요?

귀 한번 환장하게 가려워보세요. 거기서는 인간에 대한 관념이 작신 깨어집니다. 인간은 통합적 존재라고, 오가닉 유니티라고 우길 수 없는 지경으로 몰려갑니다. 마침내 단세포 생물unicelluar organism이 되어 모나드monad로 남겨집니다. 모나드가 살아가기 위해서는 자기 안에 자신의 존재근거를 마련해야 합니다. 하여 나는 나를 신이라고 주장하면서, 절대를 지향합니다. 스피노자의 '코나투스'를 지향하되 능동성은 사라집니다. 수동적 코나투스….

스피노자도 귀가 가려웠던 모양입니다. 이런 말을 했답니다. 국가의 목적은 자유이다 Het doel van de staat is de vrijheid. 내가 자유를 완전히 잃었을 때, 나는 비로소 하나의 완전체가 되어 신으로 승격합니다. 귀가 가려운 신은 충만하게 흔들립니다. 눈부신 반란입니다.

요점을 적시할 필요는 없을 듯합니다. 귀가 가려워본 이들은, 이미, 진작 요점 그 너머에서 기침을 하고 있을 터이기 때문입니다.

(2023.1.29.)

부끄러운 유산遺産

가난한 자는 유산마저 부끄럽다.

보리밥 냄새 구수하게 퍼지는 저녁
목이 마르고 배가 좋아
집집마다 저녁연기 올라가는 모습
귀신이 머리 풀고 하늘로 오른단다.
웬 일이라냐, 유산슬 접시
앞에 놓고 허겁지겁 먹어대다 사래가 자지러진다.

아득히 멀리 여행을 하다가 돌아와
집으로 가려는 길
길은 길마다 끝이 없고
차는 차마다 승차를 거부한다.
길로 몰아치는 바람 속에서
내가 만날 사람들 얼굴 아득히 멀어져 눈물겹다.

나는 마지막 강의에 진땀을 흘리고
너희들은 너희들대로
말들이 많아 교실은 잦아들고
내가 출제한 문제가 잘못 되었단다.

잘못 출제한 문제를 들고
모모한 강의실 문앞에서 열리지 않는 문을 밀어댄다.

나는, 나의 가문과 직업과 재산을 모두 차압당한 모양이다.

———————————

요즈음 반복되는 꿈이 어지럽다. 지난날, 가난하던 날들, 그 가난이 오늘까지 밀려와 내 삶의 문턱에서 어물거린다. 가난은 부끄러운 일이다. 그 부끄러움을 덜어내는 데 시간을 너무 많이 썼다. 그런데 그 그림자가 살아서 꿈에 현현한다. 생생하게 살아나 꿈실거린다. 그 꿈에 나타나는 가난의 너울 때문에 속좋게 웃는 내 얼굴이 가면으로 뒤집힌다. 이런 기억을 떨어내는 방법은 땀흘리며 오늘을 살 수밖에 없을 듯하다.

나는 가난은 죄라고까지 생각했다. 수많은 범죄가 가난에서 비롯된다. '가난이야 한갓 남루에 지나지 않는다'는 구절을 사실 그대로 믿지 않는다. 이건 어쩌면 식민지 백성의 자기기만이라고 생각하게끔 되었다. 내가 생각하는 생짜 가난에 대해 쐐기를 지른 것은 마태복음 몇 구절이었다. "심령이 가난한 자는 복이 있나니 천국이 저희 것임이요" 심령이 가난한 자? 마음에 가난이 든 자를 어떻게 천국에 이끌어들인다는 것인가.

　한 선생님께서 말씀하셨다. 영어로 poor라 하는 것은, 비어 있음으로 해서 채워넣을 수 있는 부정적 수용력 negative capacity 이라는 것이었다. 세속의 욕망으로 가득한 인간에게는 진리를 수용할 수 있는 심적공간이 없다는 것이었다. 그러니 마음을 비워 진리가 깃들어 너를 자유롭게 하도록 하란 뜻이라고 했다. 그러니 "복되도다 심령이 가난한 자들이여. 천국이 그들의 것임이로다" 그렇게 된다는 것이었다. 영어로 이렇게 되어 있다고 일러주기도 했다. "Blessed are the poor in spirit, for theirs is the kingdom of heaven." 이 구절을 내가 존경하는 히에로니무스 번역을 참조하기 위해 찾아보았다. "Beati pauperes spiritu : quoniam ipsorum est regnum cælorum." 영어 poor에 해당하는 단어는 pauperes인데, 기본의미는 정확히 poor에 대응한다.

　'해석'학이 '성서해석학'에서 발원하는 이유를 알 것 같다.

(2023.2.13.)

제웅

나라가 중병이 들어
사람이란 사람 모두 담그늘 밑 배암처럼 숨어들고
길거리에 제웅만 우중우중 섰다가
마침내는 돼지머리, 떡도 없는 상위에 놓여

사타구니에, 배꼽에, 눈텅이에, 목줄기에 독화살을 맞는다.

화살 맞아 쓰러지지도 못하고
상처마다 다시 화살이 박혀
밤낮 가리지 않고 고막 찢으며
울려대는 풍장소리에 눈이 회까닥 돌아갔다.

나라가 병이 골수에 들어
눈동자에 대바늘 찌르는 놈들만 제 세상이 되었다.

  사람이 사람을 아끼지 않으면 구원은 아득하다. 구원까지는 바라지 않더라도 평정을 잃게 된다. 마음의 평정을 잃은 인간을 망령이라 한다. 그놈들이 낮에 설치면 낮도깨비가 된다. 낮도깨비가 횡행하는 거리에 인적은 끊긴다. 인간들은 그늘진 담밑에 낡은 부적처럼

묻힌다.

　에미 애비가 환장을 하면 새끼들 눈자위에 핏발이 선다. 무른 뼈에 증오가 스며들면 아무데나 매질을 한다. 그 매는 아물지 않은 상처만 골라 타격한다. 가증스러운 것은 직접 타격을 하는 게 아니라 '상징'이라는 교사스런 장치를 이용한다. 그게 제웅이다.

　제웅은 역신을 몰아내는 데 쓰던 짚으로 만든 인형이다. 일종의 구역신驅疫神인데, 이를 악용하면 원한 풀이 도구로 전락한다. 증오와 원한의 대상이 되는 사람의 성명, 생년월일과 주소를 적어 그 인형의 눈에 바늘을 찔러 넣기도 하고 칼질을 하기도 해서, 증오와 원한의 대상인 그 집 담밑에 묻는 악주술에 이용되기도 한다.

　증오를 기르는 북소리 따라 제웅을 향해 창을 겨누고 달려들어 찔러댄다. 세상이 미쳐 돌아간다. 드디어 인간의 눈동자에 대바늘을 찔러넣고 웃음이 자지러져 나자빠진다.

　오늘에 와서 이런 환상을 보는 것은 심히 부끄럽다. 자식에게 증오를 가르치는 애비들 눈이 곯아빠지는 걸 보고서야 죽을 수 있을 것 같다. 공자가 아침에 듣고자 했던 도는 오지 않는다. 제웅의 등짝에 적힌 이름 석 자는 이미 물이 바랬다. 그러나 증오는 아직도 이땅 사람들 마음 속에 살아 있다.

(2023.2.14.)

블랙홀에 대한····

치과에 가는 날은,
날 버리고 떠나 다른 남자 품에 안긴
그 여자네 커튼 드리운 창이 보이는,
오동꽃 냄새 풍기는 고샅길이라도 걸어서 갈 일이다.

고단한 다리를 의자 발걸이에 걸치고
자아, 의자 넘어갑니다....
거기서부터 나는 내 자아의 블랙홀로 빨려 들어간다.

내 입이 내 존재의 블랙홀이 되어
어금니 뺀 구멍이 다시 내 입을 빨아들이고
그 구멍으로는, 나의 부끄러운 추억과 빛나던 꿈과 불끈거리던 욕망과 상아빛 선의를 거침없이 빨아들여
존재는, 구멍의 구멍을 위한 구멍이 되어서는
구멍이란 구멍은 모두가 공사 중이어서 전동드릴과 해머와 빠루가 날뛰는 사이
콘크리트를 비비는 소리.... 니들....
자아, 썩션.... 안 아프지요? 써큐! 블랙홀엔 언어가 없다.

다중 블랙홀을 빠져나와, 고생하셨습니다, 일 주일 후에 오

세요.

 죄가 많아 회개의 피가 터지는 잇몸에 솜을 물고 일어서면 그 때, 비로소, 오랜만에, 지구가 돈다는 걸 현실로 접수한다.

———————————

 임플란트 나사가 부러져 치과에 가기가 세 차례다. 부러진 나사 끄트머리가 안 빠진단다. 인공 치근을 뽑아내는 수술을 해서 제거한 다음 임플란트를 다시 해야 한다는 선고다. 좀 고생하셔야겠습니다. 알긴 아시네. 왜 Sound of silence인가, 사이먼과 가펑클이니까, 수많은 사람들이 hiering without listening이니까.
 그런 선고에 이어 나는 이빨 철학을 시작한다. 왜 내가 이런 고생을 해야 하는가? 묻고 물어도 뾰족한 설명 방법이 없다. 너무 많이 씹어먹은 게 죄라는 것 말고는. 미나리, 잔대, 더덕, 곰취, 호박고지, 상주곶감, 울릉도 오징어, 죽방 멸치, 연평도 꽃게, 쇠심줄, 말고기, 상어고기, 울산 앞바다 (야미) 고래고기, 네카강변 돼지다리, 프랑스 개구리.... 햄버거... 막걸리, 맥주, 소주, 양주, 북창동 부채를 먹지는 못해도 담양 죽순도 씹어보았다. 어디 그뿐인가. 참으로 많은 말들을 씹어댔다. 장르를 가리지 않고 입을 놀렸다. 입을 놀린다는 건 이빨을 혹사했단 뜻이다.

'씹다'란 동사는 느끼하다, 저작詛嚼이란 한자어, 포유동물哺乳動物은 이가 나기 시작하면 젖을 떼야 한다. 젖을 더 먹이면 어미가 다친다. 어미를 물기 때문이다. 남을 씹어대면 입이 삐뚜러진다는 속설이 있다. 속설은 학문적 담론에 들지 않는다. 야사에 속하긴 한다. 전족纏足의 나라 중국에서는 임금 모시는 아가씨들 이빨을 뽑았다는 이야기가 있다. (과도한 디테일은 때로 색정적이다. 미혹迷惑이다. 그것은 물적증거로 채택되기 어렵다.)

내가 아는, 그가 나를 아는, 원장은(나는 그를 감히 덴티스트라 호칭하지 못한다.) 임플란트 했던 이뿌리를 거즈 위에 놓고서는 수술 과정이 왜 어려웠는지를 설명한다. 제스쳐까지 해가면서 설명하는 원장이 안쓰럽다. 마취가 풀리는지 볼이 얼얼하다. 아, 그런데 원장의 손이 앙징맞게 작고 뽀얀니 사랑스럽다. 원장님, 손 좀 내놔보세요. 순진하게 손을 내민다. 이런 이쁜 손으로 내 이빨 공사를 했단 말이지요. 원장은 손을 걷어 들이면서, 참 내 원, 반웃음을 지으며, 옆자리 환자에게 다가간다.

실밥 뺄 때까지, 일주일은 금주령이 내렸다. 제길할...그 말의 어원은 '썩션'과 사촌쯤이다. 실 뽑고 생맥주 한잔 하면, 그때는 말을 곱게 다듬어야 하겠다.

(2023.3.29.)

일방통행

일방통행길, 통행인들은 표정이 없다.

일방통행길, 얼굴은 속도계에 묻고 남의 뒤만 따라간다.
앞에 가는, 미안하지만, 놈들 자기는 위험한 놈이라고
엉덩이에 빨간 불을 달고 제 갈 길들을 간다.
일방통행의 끝은, 아무래도 막다른 골목일 터라서
그게 어쩌면 그대 생애 마지막 길일지도 몰라.

일방통행길, 통행인들은 보석을 모른다.
보석은 곁길이나 돌아가는 길 풀섶에 숨어 빛난다.
보석을 모르니 향기 또한 인연이 멀기만 하다.
일방통행길, 하늘로 뻗어 있어도 별에 이르지 못한다.

출생에서 사망까지,
생애란 생애는 하나같이 일방통행길, 사람들은 침묵한다.

우공, 저이는 도무지 운전을 어떻게 할까. 운전? 앙성에서 서울까지 한 시간 반쯤 걸리는 거리. 어제는 차가 밀려 평소의 꼭 배가 걸렸다. 세 시간 동안 차 안에서 운전대를 잡고 앉아 있었다. 허리가 쑤시고 무릎이 새큰거려 잠을 못 잘까 걱정이 들 지경이었다. 차 밀려 집에 못 갔다는 놈 보았나, 그런 뱃심으로 앞차를 따라간다.

운전대를 잡고 앉으면 생각이 순일해진다. 오직 앞만 보고 좌우를 주시하면서 일방통행 길을 간다. 사람 살아가는 길은 운명적으로 일반통행길이다. 탄생에서 죽음에 이르는 그 길은 일방통행길이다. 되돌릴 수 없는 길이다. 차선을 바꾸는 정도의 변화만 허용된다. 갓길이 있기는 하지만 곁길은 없다.

삶은 대화라고 한다. 인생길은 선택할 수 있다고 우긴다. 일방통행만 허용되는 고속도로 위에서는 대화가 불가능하다. 속도에 몸을 맡기다가 정지한 공간에 폐칩되어 순일한 생각의 한때를 혼자 누린다. 옆에 동승자가 있어도 고속도로 위의 세상은 모노토너스하다.

(2023.4.13.)

양평해장국집

맥락 없는 의미가 어디 있겠나.

화살나무 속잎에 얹히는 햇살
꽃집 가판대 위에 놓인 수선화
꽃비 쏟아지는 길 지팡이 두 개

이런 봄 몇 번이나 더 보겠냐, 좋기는 좋다만....

입맛이 왜 이리 쓰다냐 진저리하는 어머니
설렁탕집 모시고 갔던 그 꽃그늘
어머니는, 당신 생애 손을 꼽는 중이었다.

해장국집 얼굴 수더분한 아주머니
양평이 고향이냐고 물으려다 고개 돌린다.
손등에 핏줄 퍼렇게 부풀어 올라
이미 생애사 맥락 다 이야기하지 않던가.

내 앞자리 옆자리 자기들 살아온 대로
사철나무 새잎 햇살 등돌리고 앉아서는 .
사내들은 입에다가 국밥을 퍼넣고

건너편 아내 하나 주절거리며 꽃이 진다.

(2023.4.4.)

―――――――――

이 집에 오면 남쪽 창가에 앉아 창밖을 내다보곤 한다. 오늘은 내가 도착해 자리잡아 앉자 손님들이 들어와 나를 둘러싸고 의자를 땡겨 앉는다. 그들 앉음새와 얘기소리에 풍경을 놓치곤 한다.

대각선으로 왼편 남녀. 남자는 광안에 주격턱인데다 금속테 안경을 써서 좀 속물스러워 보인다. 남자가 들고와 탁자 옆에 놓은 비닐봉지. 대파 이파리가 삐주룩이 나왔다. 다른 비닐봉지에는 시금치, 당근과 양파가 보인다. 둘이 야채가게를 들러온 모양이다. 그런데 10:30 이 시간에 내외가 해장국집에 온다? 맥이 잡히지 않는다.

"그거 그렇게 좋은 줄 알았으면 진작 거시기하는 건데...."

그거는 뭐고, 뭐가 그리 좋았을까? 남자는 합죽한 턱을 쳐들고 희죽이 웃는다. 그리고는 종업원을 불러 소주를 한 병 시킨다. 아내는 벌써부터 술인가 타박하고, 남자는 꼭 한 마디, 일찍 먹으나 늦게 먹으나....

바라보아 오른쪽 대각선 탁자에는 중년 내외가 휴가나온 아들을 데리고와 삼인삼색으로 음식을 시킨다. 아버지는 내장탕, 어머니는 콩나물 해장국, 특전사 요원 견장을 단 아들은 해보(해장국보통)를 시켜 먹으면서 몇 마디 얘기 끝에 말들이 없다. 남자의 주름깊은 이마에 가솔 데리고 와 식사하는 자랑이 얼핏 실릴 뿐이다.

　내 왼편 탁자 맞은편에 몸집이 비대한 사내가 혼자 와서 자리를 잡는다. 해장국을 시키고 깍두기와 배추김치를 정갈하게 잘라 정리하고 해장국 나오길 기다린다. 얼굴은 무표정하고 손은 뽀얗다. 털이 복슬복슬한 니트 점퍼가 유니섹스 스타일이다. 카라 사이로 굵은 금목걸이 가닥이 보인다. 뭘 하는 사람인가 맥이 잡히지 않는다. 아무 말 없이 (그야 당연하지) 해장국을 뚝딱 먹어치우고 자리를 일어난다. 나도 맥락없이 그를 따라 일어난다. 카드로 계산해서 음식값이 얼마나 올랐는지 모르겠다.

　이 양평해장국집에 언제 다시 올까 짚어볼 생각은 없다.

(2023.4.5.)

공화국 풍경

애야, 이 할애비, 말이다, 말이 많아 어쩐다냐

이 공화국은 정녕 너희들에게 물려줄 유산이다만
마름질을 다시 해야지 이래서 어디 쓰겠느냐

이 공화국에서는 말이다, 희한하게 말이다
꽃밭에 앉아서 꽃 보는 애들 간도 빼가고
껌을 씹다가 그걸로 말이다, 콘돔 만들고
아파트에서 이사떡 던져 지나가는 사람 잡고,
늙은이 끌어가다 상투 잘라 팽이나 돌리고 말이다......

오월에는 장미 붉게 핀다고 탱크로 밀어붙이고
종달새 겨냥해 미사일도 날린단다, 공화국에서는
늙을수록 갈롱이 늘어 홀껍데기에 광을 그린다.
내가 죄인이면 성을 갈겠다던 애들 '압둘제에미'

아이야, 나는 이 공화국을 너에게 그대로 넘겨줄 수 없다.
누군가 있어 나를 찾거들랑, 말이다, 뭐시냐,
돌배를 저어 갔노라고, 향불로 돌배 무어 갔노라고 전하려무나.

이 공화국이 걱정이다. 에라, 만수.... 이 높은 파도 앞에서 꽃을 노래한다는 게 말이 되겠나. 하늘 나는 새를 칭송하는 게 뜻이 있겠나 싶어 독한 말 몇 마디 섞어 시를 써 보았다. 이건 내 가락 아니지 하면서, 페북에 올리지 않고 그대로 랩탑에 올려둔 채 잠자리에 들었다.

정신 고누어 신라 화랑이야기 읽자고 용정차를 달여 마셨던 탓인지, 눈이 알알하고 잠이 오질 않았다. 깜박 잠이 드는 사이, 집 밖에서는 칼부림이 나고 .... 놀라 깨어 다시 책상에 앉아 모니터 바라보았다. 원한과 저주와 증오의 언어가 어지럽게 흩어진 '악마의 오도송'이 껌벅이는 커서 사이 흔들렸다.

썼던 시를 지우고 다시 썼다. 인시가 되어간다. 문 밖에 산열매(山果) 떨어지는 소리 툭하고 들린다. 아침 신문에 공화국의 어떤 소식이 널려 있을지 철문을 열기가 망설여진다.

손주들이나 편히 늦잠을 잤으면 한다.

(2023.5.12.)

과거사를 이야기하는 저녁

가끔은 말이지,
말이야 이따금, 정말 뜬금없이 말이야
과거를, 야속한 과거를 말하는 자리도 있어야 허것데.

당숙어른과,
풋콩 찌고, 감자 삶아서 대바구니에 담아 놓고
삼베 잠뱅이 안쪽 소식이 궁금하다면서
당숙모 될 뻔했던 할매들 소식은 알고 지내시는지 묻자
그 소녀들 포동포동한 손등과 짭짤한 눈길 잊을 수 있가니…

밤을 새기도 참 많이 샜어라,
도둑같이 올 새날은 불안과 놀라움이 가득해서
남의 글 읽느라고 먼동 트는 줄 몰랐지 않나
허무의 담벼락 허물면서 다가오는 새벽
뼈마디 우두둑 하는 소리도 우레처럼 울렸지 않겠어,

먼촌 형님과 마주 앉아 음주의 불평등
그쯤이야 농으로 밀어 제쳐 웃목에 박쳐놓고
탁고託孤*할 자식들 다 성장해서 살림을 났습니다요만
저 강물 물결이 도도하잖아, 보세요, 보세요

강물은 제가 소리 죽인 가을처럼 강심으로 깊어지거니와
이제 더는 등 밀어 내보낼 친구 어디 있겠어요.

날짜를 못박아 시간 조이지 말고
강물 여울지듯 흐르다가 발길에 어둠이 채이는 어느 날
두어 발 이야기할 과거가 마련되거든, 또 연락합시다요.

_____

어느 자리에 나가면 내 위가 없다. 엷은 구름 깔고 아슴하게 개어 올라간 하늘이 내 부실한 머리 위에 펼쳐져 있을 뿐이다.

모처럼 내 위 두 분과, 친구 하나와, 형님처럼 늙은 아우뻘 되는 시인 하나가 어울렸다. 세상 대접만 받으며 살면 쓰겠나 해서, 같이 식사를 했다.

일은 하는 사람에게 떨어지듯, 글은 쓰는 사람이 쓴다면서, 사전 상의 없이 친구를 고정 필자로 천거하매 속으로 미안해 하기도 했다.

왕년에 말이제, 나도 글판에서 한가닥 했는데, 그노무 비평이라는 게 허무감만 부추기는 바람에 창작을 하기로 했다면서 환갑 지난 풋풋한 이야기를 털어놓는 문사의 과거사 2편은 차회를 기대하기로 했다.

*탁고託孤는 유비가 전쟁에 나가면서 백제성白帝城에서 제갈량에게 아들을 부탁한 고사.

(2023.9.5.)

허물

못된 인연으로 지은 껍질을 허물이라 하나니.

시간의 틈바구니 비집고 나다니다보면
등에 배에 또는 옆구리에... 머리속까지
비늘이 돋아나고 또 덮이고 해서
비늘은 본유를 덮은 허물이 된다.

매미는 허물을 벗고 우화해서 소리소리 짝을 부른다.
쌓은 업이 많은지 뱀은 한 해 여나무 번 허물을 벗는다.

겹겹의 허물로 동여매어 무장한 나는
한 줄 시로써 허물벗기를 도모하는 어린 백성.

시를 몇 편이나 써야, 그 어린 허물을 벗고
인간이 되어 마침내 사람으로 환생할 것인가.

매미가 허물을 벗는 철이 되었다. 페친 한 분이 매미 우화 장면을 동영상으로 찍어서 올렸다. 일종의 신비체험이다.
껍질과 흠을 둘 다 허물이라고 한다. 허물을 동사로 사용하는 경

우도 있다. 예컨대, "글 잘 못 썼다고 너무 허물하지 마세요." 그렇게 쓴다.

매미가 허물을 벗는 일, 그게 우화羽化라지. 날개가 난다는 뜻이리라. 우화 다음에는 등선이 짝을 맞춰준다. 소동파도 '적벽부'에서 '우화등선'을 언급했다. 내장산 골짜기에 '우화정'이 있어 연못에 비친 단풍 속에서 사람들은 하늘로 날아오를 꿈을 꾸지 않고; 어머, 좋다고만 외친다. 실현 가능성 여부와는 상관없이, 우화등선을 꿈꿀 일이다.

나는 인간이 원죄를 지니고 태어난 존재라고 믿고 싶지 않다. 니체 말마따나, 인간을 극복되어야 할 무엇으로 규정하는 건 용인하고 지낸다. 초인- 위버멘쉬에 이르고 이르지 못하고는 본질적 문제가 못 된다. 그런 지표를 세우는 게 의미있는 일일 뿐이다.

인간이 태어나는 건 고통스런 과정이다. 인간은 태어나고 또 태어나기를 거듭한다. 아니 그러해야 한다. 이런 맥락에서 '거듭나기'라는 말을 쓰기도 한다. 한자로는 중생重生이라 한다지. 소리가 중생衆生과 같아 혼란스럽다. 중생衆生은 거듭나야 하는 존재라는 뜻일까. 그래서 시인이 많은 모양이다.

시간이 지나면서, 내가 허물이 많은 존재라서 나는 허물벗기를 거듭 시도하고 있는지도 모른다는 생각을 하곤 한다. 언어의 허물을 언어로 벗겠다고 도모하는 이 아둔한 짓이라니.

(2023.7.21.)

강화에서

올해 마지막 단풍인 듯
비바람에 추연히 날리어
생의 어느 끝자락 생각는데

갯고랑 회색 짙은 물위로
안개가, 안개가 자욱하여
역사는 가물가물 뒷모습 감춘다.

오늘, 그대와의 인연 끝자락이라도
고달픈 삶의 굽이 삭여온 나날
노을은 안개에 잠겨 자취 없어라.

소금기 절어 짜디짠 바람 껴안고
해송은 가지가지 무성히 자라거니
단풍잎 빛 고운 오솔길 모서리에,
그대와의 빛 고운 인연 아니던가 몰라....

(2022. 11. 12.)

강화도는 비애와 저항의 섬이다.

철종의 잠저潛邸를 돌아보았다. 용이 나온 곳이라고 해서 이름이 용흥궁龍興宮이다. 현판은 한학자 송운 심상태의 글씨라 한다. 필세가 곱고 단아하다. 왕실의 정통성을 세워가는 일. 권력을 거머쥐고 정치를 농단하려는 뱃속에서 꿈틀대는 욕망. 그 욕망처럼 늙은 단풍나무의 단풍이 퇴색한 단청만 같다.

강화도 성공회성당. 명동성당 준공 1898, 그 삼년 뒤에 공사가 이루어졌다는 성공회 성당. 조선의 건축과 문화를 녹여넣은 성당건축이 문화의 전이성 소화력을 생각하게 한다. 천주성전 天主聖殿이란 현판이 붙어 있고, 건물 전면 기둥에 이런 주련들이 붙어 있다.

福音宣播啓衆民永生之方 / 神化周流囿/庶物同胞之宗/ 三位一體天主萬有之眞原 / 宣仁宣義聿昭極濟大權術/ 無始無終先作形聲眞主宰

성전 내부에 신부가 집전하는 단 뒤에 만유진원萬有眞原이란 금색 판각제품이 붙어 있다. 건물 밖의 주련을 참조하면 삼위일체 천주야말로 세상 온갖 물상의 진짜 원류라는 뜻으로 보인다. 혹은 '태초에 말씀이 있었다'는 구절을 그렇게 축약한 것일까. 천주....

고려궁터, 몽골이 고려를 침입했을 때 개성에서 강화로 천도한 뼈아픈 역사. 궁궐의 위용은 간데없고, 동헌만 뚜렷하게 재건해서 나라의 위의 그 엄정함을 보여준다. 행초로 휘둘러 쓴 현판이 '명위헌

明威軒'이다. 威자의 왼편 개술자 한 획이 빠져나가 다리 잘린 개를 생각하게 한다.

조선에 침입했던 프랑스 군인은, 조선에는 집집마다 책이 많아 놀랐노라고 적어 놓았다. 그리고 걷어간 책들, '외규장각外奎章閣'에 전시되어 있는 의궤들, 파리국립도서관에 근무하면서 의궤 반환에 필생의 노력을 경주한 박병선 박사, 그분이 사대 역사교육과 동문이라는 걸 기억하게 한다. (서울대학교 구내에 옮겨 지은 '규장각', 이는 정조가 왕실의 문적文籍을 보관 관리하는 기관으로 설립했다. 원래 '규장지보奎章之寶'란 도장을 찍은 서책의 보관관리가 본무였다. 규장지보는 조선 정조 이후 어제御製나 내사본內賜本에 찍은 어보御寶를 뜻한다.)

전등사傳燈寺에 처음 들른 것은 50년 전이다. 이 절은 381년(소수림왕 11) 아도화상阿道和尙이 창건하여 진종사眞宗寺라고 했다고 한다. 그 뒤 1266년(원종 7) 중창하였고, 고려 충렬왕의 비인 정화궁주貞和宮主가 1282년(충렬왕 8) 승려 인기印奇에게 부탁해서 송나라의 대장경大藏經을 간행하여 이 절에 보관하도록 하고, 또 옥등玉燈을 시주했으므로 절이름을 '전등사'로 고쳤다는 기록이 전한다.

전등사는 전등傳燈에 초점을 맞추면, 스승의 전등을 생각하게 한다. 불법의 진리를 제자에게 전해서 이어가게 하는 일이 전등이다. 송나라 승려 도원이 편찬한 '전등록傳燈錄'에는 우리나라 승려들의 행적과 선어禪語가 기록되어 있어, 한국불교의 범세계성을 보여준다. 어느 대학의 동문회라는 것도 전등의 한 양상 아닌가 싶다.

  비바람속에 어지럽게 흩어지는 낙엽을 창밖으로 바라보면서, 절 밑 주가에서 가양주 막걸리를 마셨다. 늙은 내외는 앉아 있고, 얼굴 수더분한 딸이 내주는 안주 접시에 낙엽이 질 듯하다. 60년대 후반 술꾼 사인방의 즉흥적인 대오 이탈이었다.

  앞에 쓴 시가 이런 어지러운 생각을 얼마나 드러낼 수 있을까.

(2022.11.13.)

반짝이는 소리

이승에선 인간이 들어야 소리가 난다.
인간이 없으면 빛은 존재하지 않는다.
청무성聽無聲, 장자는 생의 극한을 보았을까.

친구에게 알밤 두어 줌 싸 보낸 날
먼 나라 시인 '추성부' 읽기 좋은 밤이었지….
날이 차서 뜰에 귀뚜라미 소리 멈췄다.

흙이 묻었다고 줍지 않은 밤톨들이
땅에다 뿌리 내리느라고 껍질 터지는 소리
실뿌리 흙을 파고들며 반짝이는 소리….

한 줌 말을 떡밥처럼 던지면, 그게 술 괴듯 괴어가지고 색과 향과 소리를 섞어 보내오는 친구가 있다.

밤을 두어 줌 박스에 넣어 외우 석영에게 보냈더니 '듣기의 철학'을 시로 빚어 화답으로 돌려보냈다. 내가 보낸 건 밤톨일 뿐인데 돌아온 건 보석알갱이 언어다.

내가 아는 말이란 말은 모두 일찍이 누군가 말해버렸다. 친구의 듣기철학을 '청무성聽無聲'이라 규정하니 이런 구절이 떠오른다.

가랑비 옷을 적셔도 빗방울 보이지 않고/ 細雨濕衣着不見

고운 꽃 떨어져도 낙화성 들리지 않네/ 閑花落地聽無聲

당나라 시인 유장경(劉長卿, 726쯤-790쯤)의 시구다. 나는 위의 통석을 달리 읽는다. "가랑비는 무형으로 옷에 스미고, 시든 꽃 땅에 떨어지매 없는 소리 들려라." 발상이 시무형視無形, 청무성聽無聲이라 전제하기 때문이다. 무형을 보고 무성을 듣는 경지....

내가 낸 첫 시집 제목이 〈청명시집聽鳴詩集〉이었다. 사물은 무르익으면 자기 울음소리를 낸다. 그 울음소리를 제대로 듣는 게 시라는 생각에서 붙인 이름이다.

귀가 가려워 면봉을 찾으러 가야겠다. 청무성의 결과인가. 헛소리 길게 하지 말라는 뜻인가. 굳은 귀청에 밤톨이 실뿌리를 내리는 모양인가.

(2022.10.13.)

홍도에게

아무래도, 비루먹은 오빠, 그거 내려놓아야 할 모양이다.
정의와 진실을 팔고 산다고
풍진 세상을 한탄하며
홍도에겐 사랑을 고백했었지.

저 거울 속의 사내가 누구인지 나는 점점 모르겠다.
새벽은 멀고 밤은 깊어간다.
홍도야, 울고 싶으면 울어라
쉰 목에 피 찍어내며 실컷 울어라.

홍도야, 바람이 불어, 방랑에 방랑을 거듭하라.
구름에 달도 가고
가던 달 서쪽으로 기울어 영을 넘어가도
달과 구름은 길이 달라 이별이 길다.

홍도야, 봄이 오는지 기도하며 기다려보자.
꿈일랑 두 어깨로 밀어내면서
한겨울 견디는 강강한 나무처럼
척박한 육신 다스리며 걸어가보자.

(2022. 10. 4.)

처음부터 저절로 컸다고 생각하진 않았다. 그런데 수많은 다른 사람들의 손이 나를 키웠다. 그게 다 '홍도'들이다. 그런데 그 홍도가 방황하고 갈등이 안에서 끓어오른다. 나는 나를 키운 홍도에게 내밀 손이 없다. 홍도에게 우지 말라고 할 말이 없다. 나는 그렇게 신파조가 되어 간다.

1936년 연극으로 공연, 1939년 영화 '사랑에 속고 돈에 울고', 그 영화의 주제곡 '홍도야 우지마라' 이서구 작사, 김준영 작곡, 金英椿 노래. 이 춘椿자가 나를 어지럽게 한다.

뒤마 피스의 소설 La Dame aux camélias는 '동백의 여인'을 뜻한다. 이것이 일본에서 椿姫(つばきひめ)라는 제목으로 번역되었고, 한국에서 그대로 써서 '춘희'가 되었다. 한국에서 椿은 참죽나무를 뜻하는데 일본어에서는 동백나무다. 같은 한자문화권이라고 해도 속뜻은 나라마다 다르기도 하다. (근간 會談과 懇談 때문에 말들이 많다.) 아무튼 김영춘은 김해 출신이다. 김해는 가야문화권이다. 김해시에서는 김영춘의 노래비를 세우자 했는데, 군국가요를 부른 친일행각이 드러나 말썽을 빚었다 한다.

연극으로 공연된 작품은 1936년 임선규(林仙圭)가 쓴 희곡. 유민영 교수가 집필한 '한국민족문화대백과사전'에는 이렇게 기록되어 있다.

'사랑에 속고 돈에 울고'는 일명 「홍도야 우지 마라」로, 4막 5장으로 구성되었다. 1936년 7월 동양극장東洋劇場의 전속극단인 청춘좌가 공연해 장안의 화제를 모았으며, 동양극장의 주된 레퍼터리였다. 임선규는 박진朴珍·이서구李瑞求·송영宋影·김영수金永壽 등과 함께 동양극장의 전속극작가였는데, 이들은 관객층을 분석하고 연기자의 성격에 맞추어 쓸 것을 요청받았다. 특히, 동양극장의 주요 단골관객인 여성층과 기생층의 비위에 잘 맞추어 쓰는 것이 신파극의 성공을 결정지었다. 이 작품은 한 기생을 주인공으로 설정한 화류비련花柳悲戀의 멜로드라마로 그 줄거리는 다음과 같다.

가난한 남매가 일찍 부모를 여의고 자랐는데, 여동생 홍도는 오빠를 공부시키기 위해 기생이 된다. 홍도는 우연히 오빠의 동창생과 알게 되고 사랑에 빠지게 된다. 명문가의 아들인 홍도의 애인은 명문인 박대감집 딸과 약혼한 사이였다. 그런데도 그는 홍도를 사랑한 나머지 동거생활로 들어가고, 그의 집안에서는 일대 소동이 벌어진다. 완고한 그의 부모도 두 사람의 사랑 앞에서는 어쩔 수 없이 굴복하고 홍도를 며느리로 맞아들인다. 그러나 남편이 유학을 떠나자 시어머니는 기생며느리를 박대하고 내쫓음으로써 극적 전환을 맞는다. 시어머니와 시누이는 음모를 꾸며 며느리를 부정한 여자로 만든다. 그때 남편이 공부를 마치고 귀국하자 홍도는 순사가 된 자기 오빠와 함께 남편을 만나기 위해 시댁으로 간다. 그러나 음모자들인 시댁 식구와 남편은 그녀를 부정한 여자라고 박대하고, 남편은 전 약혼녀와 결혼하려고까지 한다. 너무 억울하고 분노가 치민 홍도는 순간 제 정신을 잃고 전 약혼녀를 과도로 찔러 살인을 하게 된다. 그때서야 그녀의 결백이 밝혀지면서 남편도 오해를 풀지만 때는 이미 늦었다. 그녀는 순사인 오빠에 의해 손목에 수갑을 차고 끌려가지 않으면 안 되는 기구한 운명에 처해진다. 이 작품은 봉건도덕에 의해 희생당하는 여인의 비극적 운명을 묘사한 전형적 신파극이며, 고등신파高等新派라고 자타가 공인하던 동양극장의 대표작일 뿐만 아니라, 1930년대 후반의 상업주의 취향을 엿볼 수 있는 작품으로 평가된다.

노래는 3절로 되어 있는데, 1절은 잘 알려진 대로 이렇게 되어 있다.
"사랑을 팔고 사는 꽃바람 속에/ 너 혼자 지키려는 순정의 등불/ 홍도야 우지 마라 오빠가 있다/ 아내의 나갈 길을 너는 지켜라"

본래 희곡이고, 영화로 성공한 작품이기 때문에, 노래에서 필요한 부분 나레이션을 달아 현장감을 살리도록 했다. 노래와 극의 장르교섭을 볼 수 있는 점이다. '울고넘는 미아리고개'에도 그런 나레이션이 활용된다.

유행가 속에서도 나는 흔들린다. "헤어지면 그리웁고 만나 보면 시들하고...." 아직도 나는 청춘인가. 이 노래를 부른 남인수도 .... 흔히 양가감정이라 하는 ambivalence, 까짓거 눈 딱 감고... 그러지를 못한다. 채만식의 〈민족의 죄인〉 생각이 오간다. 식민지를 견뎌내는 방법을 다시 생각하게 한다.

(2022. 10. 5.)

중독 中毒

그 누구인가,
그대를 그 골짜기로
떠밀어 넣은 자 누구인가.
역사는 원통한 일로 가득해서, 분노 또한 넘쳐나고
차마 죽을 수도 없는 사람들
몇 차례 총성이 골짜기 울려
풀이 푸른 계류 선혈이 가득하고
언어가 죽은 그 골짜기 찢는 포성
잦아들지 않는 메아리 안고 이명으로 다가오는 눈동자들
유사 이래, 역사에 평균율은 없다.
당신은 누구냐고 묻는 그대 목소리, 벌겋게 녹이 슬었다.

―――――――――――――

 소금물 들이키는 각오로 말하건대, 모든 역사는 왜곡의 역사다. 왜곡된 역사는 사람을 중독시킨다. 역사에 중독된 정신은 오롯한 한 가지 생각으로만 버틴다. 하여 황제가 된다. 황제에게 사랑은 없다. 사방이 오랑캐뿐이다. 내가 황제로 살기 위해서 나는 부지런히 오랑캐를 길러야 한다.
 그대를 역사의 골짜기로만 몰아놓는 것은 몇 발의 총성이었다. 그 총성에 청춘들이 피흘리며 죽어갔다. 그들이 출전하기 전 쏟았던 정액 몇 방울, 그게 존재의 근거였다. 분노로 터지는 생애, 도무지 말로 설명이 안 되는 대리석 그 마블링 무늬, 거기 이성은 질식했다. 이성이 질식한 걸 알면 정상이라 하는데, 그놈의 정상이 안 돌아와 뱉이 틀어지게 한다. 나라고 그걸 왜 모르겠는가. "삶의 냉혹함에서 도피" 하지 않으려는 내가.(까뮈에 동조해서)

그런데, 참말 그런데, 당신은 어느 초상화의 인물처럼 얼굴이 온화하기만 해서 .... 그대는 목청을 돋구어 약기운을 뱉어내고, 당신은 그대의 울화를 분석하느라고 열이 올라, 끝내 역사에 감자를 먹인다. 끓어오르는 이마 짚으며 탄환 같은 아스피린 두어 알로 열기 다스려, 마침내 새벽이 되었다.

새벽이 와서 닭이 울어도 여전히 열로 핏발선 저 눈동자들, 그 핏기 가실 날 있겠나. 산화철이 녹을 빼서 환원철 되려면 고열의 용광로가 필요하다. 지성의 용광로는 자신이 운전해야 한다. 남에게 떠넘기면, 또는 강요하면 과열되어 폭발할 수도 있다. 그래서 반성은, 환원은 죽음을 각오해야 한다.

(2023.12.14.)

활

수염발 잡히던 무렵엔 말이지,
다른 애들 대개 그렇듯이
나의 활은 하늘에 걸린 무지개라고
수평선을 향해 화살을 핑핑 날리곤 했잖아.
어느 날이던가,
아마 철늦은 개안의 날이 있었던 모양이라
수평선은 어지러운 노을 속에 무너지고
나는 활의 방향을 내 안으로 돌렸잖던가.
내 안의 독선과 오만과 편견과 만용을 향해
활을 당기곤 했는데 말이지, 그게 다시 내게 돌아와
내 몸은 오통 화살이 박혀... 마침내 심장까지
화살이 꿰뚫어 감성의 수레바퀴는 언덕으로 굴러내렸지 않겠나.
구르는 수레바퀴는 화살에 맞지 않는다고
끝없는 골짜기 불을 달고 달려 내려가
마침내 그 바닷가 바위에 파도로 부서져
하늘로 오르는 물기둥이 되었다는 거라지 않던가.

용오름, 이무기가 승천한다고.... 나는 나를 향해 끊임없이 활을 당

기면서, 무언가 다른 존재로 변신해야 한다고, 이수螭首가 되었지. 차디찬 돌비석을 이고 아득한 세월 헤아리는 그 짐승. 용인지 이무기인지 알 수 없는 그 존재는 자기 몸에 새겨진 문자를 헤아리지 못하지. 그런데, 그 비석이 무너져 천지개벽天地開闢이라도 하듯 주저앉고 이수가 흙바닥에 굴렀을 때 비로소 보이는 나의, (남의) 몸뚱이에 새겨진 문자들. 내가 망해서야 비로소 보는 진짜 내 모습 (그 비슷한 거), 보일 터인데..., 그 앞에서 나는 무엇인가.

프랑스 노동쟁의를 상징하는 도시 '리용' 시청에 브로델의 '활을 당기는 아킬레우스'라는 작품이 놓여 있다네. 청동으로 빚은 힘의 벡터.....나를 향해 쏘는 화살이 허무하게 굴러가는 수레바퀴 건드렸을 때마다 파도를 쓸어올리는 물기둥, 그 용오름!

아주 평범하게 사는 것 또한 치열한 투구 없이는 이룩되지 않는다. 흐르는 강물에 배를 띄우고 역방향으로 노를 젖는 일이 삶이라 이야기하던 선배가 있었다.

내가 당기는 활의 화녁이 자꾸 흔들린다. 내 팔에 힘이 빠진 모양이다.

(2023.10.14.)

자하연 紫霞淵

연못에 물빛 곱고, 분수는 싱싱하다.
청솔 사이 벚꽃 때가 무르익어,
꽃잎은 물위로 나비되어 날아난다.

얼음 풀린 물을 가르며 잉어가 논다.
자라 한 마리, 잉어와 거리두고
홀로 천천히 꽃그림자 사이로 헤어간다.

연못 돌담 옆으로 자작나무 숲길
젊은 꿈처럼 미래로 뻗어 있었지.
천 년 지나도 썩지 않는 껍질에 쓴 역사

인간을 자꾸만 나무에 끌어대려는 그대
나무는 나무고 인간은 인간일 뿐이라고
풍경에 의미 박피하는 대낮 햇살만 눈부셔.

아는 분은 아시겠지만, '자하연'은 서울대 인문대 본관 건물 뒤에 있는 연못이다. 그 연못 언덕에 지리잡은 아담한 식당 이름도 '자하연'이다. 그게 연못 淵인지 잔치 宴인지는 모르겠다. 그 식당에 30년

가까이 드나들었다. 주변 풍경의 변화를 죽 보아왔다.

자하연은 자하 신위申緯의 호를 따서 붙인 이름인데, 신위의 두어 자나 될까 조그만 동상이 서 있고, 거기 다음과 같은 시가 새겨져 있다. 용이니 봉황이니 이념화된 존재들, 풍경에서 이념의 껍데기를 벗겨내야 하리라. 그래야 사물로 다가가는 언어 그 강강한 시가 될 터이다.

긴 대나무가 구름 위로 솟아　脩竹上干雲
파란 빛 당기며 버티고 섰네.　彩翠支相控
마디에 용을 휘감게 하고　　　繞節解從龍
가지에 봉황새를 기대게 하네　依枝頻引鳳

자하 당시 여기 대나무가 자랐는지는 잘 모르겠다. 그러나 시에는 대나무, 용, 봉황 그런 상징물들이 등장한다. 그만큼 이념성이 강한 시다. 자하 신위는 영조 45년~헌종 11년(1769-1845) 사이를 살아간 인물이다. 프랑스혁명이 일어난 1789년 자하는 20세 청년이었다. 다른 나라의 역사를 곧장 마주댈 수는 없다. 그러나 세계인식의 지층 변화는 대조해볼 필요가 있다.

풍경에서 의미를 박피하는 일, 그 의미를 생각하게 된다.

(2021.4.6.)

개심사開心寺

  마음을 열면 꽃도 겹으로 피는가....
  벚꽃도 겹으로 피고, 복사꽃 순백 겹겹이 향기마저 잦아들어
  돌담 안에 적도화 꽃송이 심장에 담았다가 꺼낸 비원悲願의 손수건

  안양루安養樓 그늘에 앉아, 현세가 안양정토 아니냐고 잇몸 드러내는데
  현생은 현생이라서 '안양루' 오르는 돌계단 중수공사가 한창이라
  중장비 앙앙대는 엔진소리 쇠공이 땅을 뚫는 진동 오장이 뒤집힌다.
  전기 연마기 돌아가는 소음, 연못에 금붕어들 자지러질라...

  강원도에서 왔다는 빗자루 중은 칡이 감고 올라간 느릅나무
  뒤틀려 꼬인 지팡이 아침마다 땅바닥에 쿡쿡 박아 세우면서
  겹겹이 꼬여 질긴 인연이사 '겹사구라'로 피든 말든
  마음은 열리지 않고, 생애는 땡볕 지지고 지나가는 사금파리 무덤....

숲은, 연두색 그리움 햇살도 오소소 오소소 소름 돋는
꽃에서 녹음으로 다가가는 상왕산象王山 산신령은 외출중이다.

개심사는 갈 때마다 절구경을 제대로 하지 못하고 돌아온다. 이번에는 석축공사 소음 가운데 꽃구경조차 어지러웠다. 시인 사촌 내외와 우리 내외가 개심사에서 만나기로 했다. 사촌은 거기 겹벚꽃이 한창일 거라고 기대를 부풀렸다. 개심사 일주문에는 '象王山開心寺(상왕산개심사)'라는 현판이 걸려 있었다. 구당丘堂이라는 호를 쓰는 여원구呂元九의 작품이다. 상왕은 석가모니를 뜻한다. 같은 산 이름이 오대산에도 있다.

개심사 경내에는 갖가지 진귀한 꽃들을 심어 길러 놓았다. 분홍 겹벚꽃, 청벚꽃, 백도화 겹꽃, 황도화 겹꽃 등. 손질하지 않고 방생하듯 기른 꽃들이 공사 소음 속에서도 화려진기를 극했다. 계단 공사 중 안양루 앞에 설치된 象王山開心寺라는 힘찬 필치의 현판이, 해강海岡 김기진의 작품이라는 건 자료를 찾아보고 확인했다.

공사가 진행 중인 누각은 그 이름이 안양루安養樓다. 이게 유가적 어휘 아닌가 하는 짐작을 했는데, 극락정토를 '안양정토'라고 하는 걸 사전을 찾아보고 확인했다. 안양루를 거쳐 '대웅보전'에 이르는 구조는 상징성이 뚜렷하다. 안양교주는 아미타불을 가리킨다.

일주문 앞에서 빗자루 들고 서 있던 땡초(미안하지만)를 만났다. 칡이 감고 올라가 뒤틀린 느릅나무로 만든 지팡이… 색즉시색무궁진 色卽是色無窮盡, 색은 색인지라 말라서 다하는 법이 없느니라, 안에서 솟구치는 색정을 빗자루로 쓴다고 그게 쓸어질까. 꽃이 저리 아우성인데…. 그건 피안의 몸짓일 뿐.

개심사에 와서 내내 마음이 열리지 않아 헛손질뿐이다.

(2023.4.15.)

오대산

구층 석탑 아름다운 월정사는
풍경소리 그림자와 함께 남겨두고

하늘을 찌르고 서 있는 전나무
솔향기 뒤통수 때리는 숲길을 걸어

상원사로 들어서는 길목 옆으로
비린내 풍기는 물줄기 세차게 흘러간다.

등을 밀어주던 소년에게 상감님 한 마디,
"상감님 만났다는 이야기는 입을 다물게나."

수건 들어 내밀면서 소년이 하는 대답
"문수보살 만났다고 소문내면 안 됩니다."

섬돌 밑 그늘 범종소리 맴놀이로 우는 동안,
상원사에서는 고양이도 문수보살이 된다.

상원사에는 쓸만한 서사가 전한다. 시의 내용이 된, 세조의 문수

보살 친견 설화가 그 하나이다.

  그리고 상원사 대웅전 앞에 고양이상 2구를 앉혔다. 그 이야기도 흥미롭다. 등창으로 고생하던 세조가 상원사 계곡에서 등을 적시고 나서 요사채 침소를 향해 올라가는 길, 고양이가 휙휙 날아 연輦을 가로막는 바람에 행진을 멈추었는데, 검은 복면을 한 자객 둘이 후다닥 뛰어 적멸보궁 뒤뜰로 자취를 감추었다. 세조는 후유 깊은 숨을 내뱉었다.

(2021.7.25.)

  상원사에는 보물이 많다. 상원사 문수동자상, 상원사 동종, 상원사 중창권선문 등의 문화재들이 있다.

  6.25 전란 당시 이들 보물을 지켜낸 분이 방한암 스님(1876-1951)이다.

  유엔군이 중공군의 1월 대공세에 밀려 1·4 후퇴를 한 1951년 초. 소개령이 내려져 오대산에 있는 거의 모든 스님들은 피난을 갔다. 그러나 한암 스님과 시자 희찬 스님 그리고 한암 스님의 공양을 맡았던 평등성보살은 끝까지 사찰을 지켰다. 월정사를 비롯한 산내 모든 암자와 사찰을 소각하던 국군 수십명이 들이닥쳐 사찰을 소각할 것이니 모두 떠나라고 명령했다. 1951년 1월2일, 3일 일이었다.

  한암 스님은 가사장삼을 입고 법당으로 가 좌정한 뒤 조용히 말했다.

"나야 어차피 죽으면 다비를 할 것이니 내 걱정 말고 어서 불을 지르시오."

당황한 국군이 스님을 법당 밖으로 끌어내려 하자 스님은 다시 목청을 가다듬어 말했다.

"당신이 군인의 본분에 따라 상관의 명령에 복종해야 하듯이, 나 또한 승려의 본분으로 이 절을 지켜야 하니 나는 마지막까지 승려의 위치를 지키다 죽을 것이오." 차분하고 결기가 가득한 음성이었다.

스님의 법력에 감화된 부대 지휘관은 상부의 명령을 지키기 위한 방편으로 한암 스님이 계신 방을 제외한 모든 전각의 문을 뜯어다가 불사르고, 사찰을 소각하고 왔다는 증표로 옻칠을 한 까만 죽비를 받아가지고 철수한다. 유엔군의 초토화 작전으로 오대산내 월정사를 비롯한 사찰과 민가 문화재가 모두 불탔지만 상원사는 한암 스님의 법력으로 소각 위기를 벗어났다.

민족문화대백과사전 내용을 압축했다.

(2021. 7. 26)

제2부

꽃과 새와

수선화

우수절 아침,
수선화 이파리에 서리가 묻어 은동곳처럼 나태를 찔러온다.

완당 노인,
관악산 산봉우리 바라보며 칠십에 하루 더하는 아침,
얼굴에 찬물 끼얹는 손마디 마디마다 회한의 얼음이 박힌다.

수선화,
본래 水仙이었는데,
젊은 피 뜨거운 어느 청춘이 꽃을 달았나 水仙花가 되어
신선도 뒤꼭지에 꽃이 벌면 저승길 금빛 요령소리 짜랑짜랑하다.

이월이 다 이울어간다. 우수 지나자 얼음이 풀리고 양지쪽 돌담 아래 수선이 청동검 같은 잎을 내민다. '동곳'은 상투 끝에 꽂아 머리를 마무리는 위험한 물건이다. (머리에 피뢰침을 달고 다닌다는 생각은 하들 안 했으리라.)

완당(1786-1856)이 두 번의 유배생활에 풀려 과천 고과초당苦瓜草堂에 몸을 의탁하고 지낼 때, 쓰디쓴 오이꼭지 씹는 입맛으로 세월

을 버텼으리라. 이 무렵 〈華嚴宗主白坡大律師大機大用之碑 화엄종주 백파대율사 대기대용지비〉 비문을 썼다. 그 비석은 고창 선운사 부도전에 서 있다.

　우리나라 풀이나 나무에는 '꽃화자花' 붙은 게 많기도 하다. 꽃을 기다리는 심성이 성급하게 그런 이름을 달았는지도 모를 일이다. 본래 매梅 한 자로 자재인데, 거기다가 구태여 꽃을 달아 '매화'라 한다. 수선화도 본래는 '수선'인데 꽃을 덧달아 수선화가 되었다. 물의 신선, 그게 요정(님프)과 연기되어 있는지는 모를 일이다. 아무튼 신선이 꽃을 달고 나선다는 건 끝이 멀지 않다는 뜻으로 들린다. 그러나 황금빛 꽃은 황홀하다.

　호수언덕의 시인 워즈워드는 '수선화 무리'를 읊었다. 누구나 아는 시라서 여기에 옮겨 적지는 않는다.

　가난한 총각의 순정을 바치는 노래, Seven Dafodils(일곱송이 수선화, Brothers Four)도 떠오른다. 내가 가난한 건 사실이나 그대에게 입 맞추며 함께 건넬 수선화는 아직 일러 피지 않았다.

(2023.2.25.)

이팝나무

이팝나무, 거기다가 꼭 '꽃'을 달아야 할까.

나무의 뿌리와 줄기와 잎과 꽃을 한꺼번에 부르지 못해도
이팝나무 꽃이 피면, 피어 흐드러지면
누군가, 순영이, 순실이, 순성이 그런 이름의 순한 얼굴들
꽃그늘 아래 나무에 기대어 서서 날 기다릴 것만 같은
하얀 손을 하늘하늘 흔들어 추억인 양 날 부를 것 같은

색기 걷어낸 연두빛 청춘의 향기 머금고
발뒤꿈치 들고 사풋사풋 걸어와 미소할 것 같은
미소짓다 부서질 것 같은 추억과 꿈이 섞여서
휘도는 그 깊이 속에 자맥질 거듭하다가 소용돌이 직전
나비처럼 날아앉는, 앉았다가 무리지어 저어대는 날개짓

눈을 들어 산봉을 쳐다보면, 산자락 타오르는 순백의 향기….

녹음 속에 피는 아얀 꽃들은 청순하고 애잔한 향기가 넘쳐난다. 이팝나무 꽃이 그렇다. 나는 이 꽃의 잔잔한 모양과 색조와 향기를

아울러 말로 빚어낼 재간이 없다.

이팝나무 꽃은 하나하나 꽃송이를 분별해서 바라볼 수가 없다. 녹음 짙어가는 나뭇잎 사이로 순수의 백설이 내려, 연두빛에 버무린 순백의 추억, 추억 속에 흐트러지는 연한 향기 까무러칠 지경의 향기는 아니다. 소박하게 스며드는 얼굴 고운 처녀들의 살냄새 닮은 향기가 번진다. 연두빛 섞인 향기는 낮게 깔리다가 바람결에 치솟아 산자락을 오를 무렵이면 아득히 멀어지는 향기가 된다.

이팝, 쌀밥, 쌀밥의 밥알 닮은 꽃.... 가난해서 애틋한 추억의 꽃. 아직 찔레꽃 슬픈 사연이 진한 향을 뿌리기는 좀 이른 날, 녹음에 스민 순백의 향기 쏟아져내리면, 자리를 차고 일어나 그 꽃그늘에 가벼운 걸음을 놓아볼 일이다.

계절이 바뀌는 데 따라 시로 쓸 나무와 꽃이 있다는 게 얼마나 큰 위안인가. 나는 그렇게 세속적이다. 세속에 피는 꽃이라야 아름답다. 이유는 모르겠는데, 극락에는 꽃이 없을 것만 같다.

(2023.4.29.)

도라지꽃

백제에서 신라로 넘어가는,
굽이굽이 육십령이라던가

푸른 산
흰 구름
꿈인 듯 일어나는
자락자락 사연은 애절해서
숨 고르며 호젓이 앉아보았겠다.

사랑이 어디 달기만 해서 쓴다더냐
이맛살 주름 세워 쓰디쓰기도 하고
혀뿌리 얼얼하게 아리기도 한 법이거니

부여 떠나 서라벌 넘어가는 영마루
물길은 멀어 하늘도 보라빛으로 물든다.

   내가 언제 철이 들라나 모르겠다. 꽃을 보겠다고 두어 두둑 살과 심 고운 밭에다가 도라지를 심었다. 되지 않는 글을 쓴다고 방에 틀어박혀 있다가 잘 살피지 못했다. 풀을 두어 차례 뜯기는 했다. 원행

遠行할 일이 있어 도라지 꽃 필 무렵 밭을 방치했다. 풀이고 꽃이고 농부가 같이 살아야 한다.

바랭이 어지러운 풀잎 사이 도라지 청초한 꽃이 몇 송이 뜨덤뜨덤 피었다. 아차 싶어 새벽에 일어나 풀을 헤쳐 주었다. 사실사실 빈약한 꽃대가 이리저리 눕고, 그런 중에도 꽃이 제법 모양을 갖추었다. 다행이다.

도라지 뿌리 손질하면서 어머니 몰래 먹어보던 기억. 새롭게 살아나 달착지근하고 아리고 쓰디쓴 맛이 도라지 꽃 대신 침이 고인다. 쓰고 달고 아리고....달기만 한 식품보다는 맛이 섞여 있는 식품이 매력적이다. 사람도 그렇다.

도라지꽃은 왠지 청상의 이미지다. 멀리 신라와 백제 오가던 시대로 생각은 치올라간다. 그 무렵에도 청상들은 있었으리라.

백제 목수 혹은 석공 신라로 넘어가는 호젓한 산고개를 생각했다. 도라지꽃 닮은 젊은 아내 아이 젖을 물리며 푸른 하늘 흰 구름, 아이 볼에 어미의 눈물이 방울졌다.

(2023.7.10.)

금송화

이건, 이름이 불분명하다. 영어로 매리골드란다.
내 기억에는 금송화인데, 만수국, 홍황화, 금잔화….

네팔 카트만두 가로지르는 바그마티 강, 강가에서
백인 청년이 늙은 원주민 구루에게 진리를 묻고

진리와는 저만큼 거리를 두고 살다 죽은 시신을
노란 꽃으로 눈부시게 장식해서 화장을 했다.

매리골드 꽃을 따서 물에 씻어 말려두었다가
물을 끓여 부으면 황금빛 꽃물이 우러난다.

꽃차를 마시면서 나를 물로 씻을 생각을 하는데
눈큰 시인이 있어 폭포를 불러오는 것이었다.

"金盞花 보이지 않는 밤 瀑布는 곧은 소리로 떨어진다."는데
나는 어느 폭포 밑에 가서 곧은 소리 물을 맞아야 하는가.

———————————————
금송화가 흐드러지게 피었다. 가을에 피는 꽃으로서는 국화 다음

은 갈 듯하다. 여름 내내 자라서 무성한 줄기에 꽃을 탐스럽게 달다 보니 그 무게를 이기지 못하고 줄기가 땅으로 간다. 땅에 닿은 줄기에는 수염뿌리가 잔뜩 나 있다.

금송화는 그 향기와 꽃빛깔이 인간 영혼을 저승으로 인도한다고 한다. 갠지스 강언덕에 세운 '바르나시'라는 화장터에서는 금송화 향기가 인간의 육신 타는 냄새와 어울려 하늘로 머리를 풀고 올라간다.

자신의 육신이 명을 다했다는 걸 감지하면 인도로 가겠다던 스님이 있었다. 머리 둘레에 철골 모양의 주름이 잡히고 소맷자락에 나온 팔뚝은 통뼈인 듯 굵었다. 그 스님 기거하는 암자 뜰에 금송화가 피어 있었다. 거기서 씨를 얻어다 심은 금송화 인연이 유달라 꽃차를 만들었다.

꽃차를 우리다가, '이건 살생이다', 그런 생각이 들었다. 말린 금송화 꽃을 찢어 끓인 물에 넣는데, 바늘 끝 같은 씨앗들이 까맣게 살아있다. 뿌리면 모두 싹이 나서 꽃을 피울 씨알들이다. 그저 맹물 마시면서 목숨이 고마울 따름이라고 생각하고 살지 못하는가.

연상의 길은 제 멋대로 뚫려 있다. 살생-죽음- 네팔- 설산. 네팔에서 보았던 화장장 풍경이 떠오르고, 김수영 시인의 시구절에 나오는 금진화金盞花와 폭포가 생각난다. 금송화 꽃차에서는 멀리 허무의 냄새가 난다.

(2024.2.21.)

감자에 대한 억측

감자는, 말야, 다분히 산문적이잖아,
우리 어린 시절도 산문적이었던 모양.
미운 놈 욕하고 돌아가는 뒤꼭지 향해
손목 말아쥐고 앞으로 쑥 내밀면서
"*새끼 감자나 처먹어라!' 그랬잖아들.

어허, 이 감자,
이게 온통, 전신이 性器네
박스에 갇혀 한겨울 난 감자
여기저기 눈이 터서 자라 올라 李箱의 머리모양 엉클어졌것다.

이거 보래,
이 놈이 싹을 내는 걸로는 모지랐는지
할아버지 장눈썹 옆에 났던 사마귀만한
불알 한쪽도 달았는데, 어미한테는 손주벌인 게야.

감자는, 쪼다같은 놈인지라
어둠 속에서 싹을 내다가 내다가 자지러질 즈음
봉두난발 싹이란 싹이 얼크러져 가지고설랑

과수댁 외입하다 들킨 머슴놈 거웃 모양이 되어버렸다.

'심는 데 골몰하지 말고 보관을 잘 해야지!'
아내 혀를 차는 바람에 내 기억의 푸른 하늘에 별이 떠서
빈센트의 별밤, 별밤.... 어둑한 등불 아래
식구들은 씨감자 같은 눈들을 하고 감자를 먹는다.

감자, 이거 때문에 미치겠다.
"And how you suffered for your sanity."
감자 다듬던 손으로 귀를 만져본다.
귓바퀴는 허공에 걸려 있고, 귓속에선 소양증 바람이 회오리친다.

(2022. 4. 9.)

―――――――――――

어디선가 얘기한 듯도 하다. 농사라는 게 한 삼년 하고 나면, 그 다음부터는 반복되는 리듬이 생긴다. 달력보다는 천세력쯤은 돼야 월령가도 부른다.

감자를 '하지감자'라고 하는 이들이 있다. 3월에 심어서 석 달 지나면 수확할 수 있는, 90일 작물이다. 감자는 가난하다. 구황작물에

가깝다. 구황작물로 목숨 유지하는 것들은 행실이 우아하지 않다. 쪼다같은 놈들이 서로 감자를 먹이면서 히히덕거린다. 그렇게 어린애가 소년이 된다.

 감자는 보관을 잘 해야 오래 두고 먹을 수 있다. 감자를 심고 캐고 보관하는 것은 남편의 몫이다. 보관을 잘못해서 감자가 곯기라도 하면, 냄새는 지독하고, 아내의 불평이 천장을 친다. 아내가 불편이 많은 남편은 낯이 안 선다. 식구들에게 먹일 게 감자 말고는 없다.

 고흐가 초기에 그린 〈감자 먹는 사람들〉 이건 리얼리즘이다! 현실과 환상에 찢겨 정신이 돌 지경이 된 화가, 드디어 눈에 별이 돌아가기 시작하고... 정신줄 놓지 않으려고 몸부림했던 빈센트 반 고흐.... 별이 빛나는 밤, 정신 차리려고 얼마나 고충스럽게 몸을 추슬렀을까. 감자 다듬는 내가 왜 정신이 아릿한지 모르겠다.

 졸음에 겨운 손에서 굴러 내려간 감자는 이명으로 어지러운 내 귀로 굴러 들어간다.

(2022. 9. 28.)

청죽青竹

소설小雪 지난 뒤
소설小說 이야기하자고
인사동 단층 한식점
노작가 몇이 모였다.

한옥 유리창 페어그라스가 헤벌찍해서
말라가는 화단이 속을 훤하게 드러냈다.

기왓장 깨어 황토흙으로 '메지' 넣은 담장
그 앞에 철늦은 단풍 헌 치마처럼 둘렀다.

세월의 물결 맞서서 조용히 적멸하는 청죽
그 푸른 잎 서걱이며 낡은 책장을 넘긴다.

───────────────

　언어에 대한 믿음이 내 최후의 믿음이라고 큰소리를 친 적이 있다. 문학은 통념의 떨켜를 벗겨내는 작업이라는 이야길 하기도 했다. 해서 문학은 인간 구원의 한 길이라고, 그게 내 믿음이라고 슬그머니 질러보기도 했다. 그런데 그게 아닌 것 같아 속이 쓰리다. 언어는 진리의 그림자도 못 되고, 문학은 사실과 허구의 틈바구니에서 시들어간다.

내 인식이 틀렸기를 바란다. 잘 나가지 않아도 문학을 매섭게 다루던 선생도 있었다. 문학에 알곡과 가라지는 없다고 속을 다스려 보기도 한다. .... 그런 생각 끝에 창밖으로 눈을 준다. 청죽이 담을 넘어 바람에 삭는 소리 들린다. 낡은 책장을 넘기듯. 청죽이 푸른 기운으로 서서 삭아가는 소리를 듣는 것은 왜곡된 언어 때문인지도 모른다.

보들레르를, 다시 읽어야 하겠다. 문학은 점이지대에 있다. 보들레르를 따르면 그것은 '감미로운 고통 la douleur délicieuse'을 수반한다. 고통만 강조하거나 감미로움만 빨아먹는 행위는 생명적이지 않다. 모든 책의 페이지는 새로 살아나야 한다. 내 안의 낡은 책들을 꺼내 불질러야 한다. 그 불꽃을 뚫고 날아나는 새가 한 마리 있다면, 그 새는 내 인식의 영토에 살 집이 이미 없다.

보들레르를 인용하기로 한다. "있는 그대로를 재현하는 것은 무익하고 지루한 일이라고 생각한다. 존재하는 어떤 것도 내게 만족스럽지 않기 때문이다. 자연은 추하다. 그래서 나는 실증주의자들의 진부함보다 차라리 내 환상이 만들어내는 괴물을 택하겠다." (파리의 우울, 윤영애 역, 309쪽, 재인용) 〈Salon de 1846〉

1846년, 병오년, 헌종 12년, 39세가 된 소치는 헌종의 명을 받아 〈연운공양첩, 煙雲供養帖〉을 그리고, 그 해 7월 26일 김대건이 새남터에서 순교했다.

(2022. 11. 30.)

파를 다듬으며

시를 쓰는데 집에 들어가는 길까지 밝혀야 쓰나.

지하철 2호선 서울대 입구역 7번출구
머리 내밀고 올라가다 보면
더덕 냄새 가득해서
오늘도 아주머니 보살처럼 앉아서
흙 묻은 더덕 새하얀 향기로 벗겨낸다.

아마 그랬을 것이다. 혼례청에서
"검은 머리 파뿌리 되도록 잘 살아라."
덕담을 따라 잘 살다가,
어허 어쩌나....
임사체험, 검은 입을 벌리고 있는 저승
거기까지 가는 서러운 길, 길가에
파꽃이 하얗게 줄지어 피어서 눈물겨웠다지.

중부시장 들어가는 길목,
할머니 저승길에 꼭 한번 만났을 것 같은 노파
모시 광주리 받쳐이고 눈물 찍어내며 파를 깐다.

앙성 상림원에 왔다가 서울 돌아가는 날은 아이들 생각 먼저 한다. 식성 좋은 애들 와삭와삭 먹을 걸 생각하면 손발이 빨라진다.

이침 해가 다 벌기 전인데 등이 후끈후끈한다. 연일 계속되는 폭염 때문이다. 시원한 여름날 아침 공기를 다시 만날 수 있을까.

부추를 베었다. 며칠 가물어서 줄기가 좀 부실하다. 오이 몇 개를 땄다. 전체가 일정한 굵기로 자라지 않았다. 가지는 꼬부라져 지팡이 손잡이를 닮았다. 파도 함께 넣어주고 싶어 몇 뿌리 뽑았다. 잡초 사이에서 볼품없이 자랐다. 껍질을 벗기고 뿌리를 잘아내어 다듬는데 매운 냄새 때문에 눈물이 난다.

할머니 생각이 난다. 칠십대 중반 늙은이가 할머니 생각하는 모양…. 이승과 저승 넘나드는 시간의 비균질성을 체험하는 중이다.

파를 뜻하는 한자 총葱, 대파 따총大葱, 쪽파 샤오총小葱, 양파 양총洋葱 어느것도 낯설기는 마찬가지다.

중국말 '총'이 한반도에 '파'가 되기까지 얼마나 많은 사람들이 눈물을 흘리며 파를 다듬었을까. 인생을 매만졌을까.

(2023.8.7.)

예감豫感

연蓮,
꽃잎이
물 위에 떨어져
개구리 등처럼 변색되었다.
너와
이별의 손을
하늘하늘 저으며
옷고름 여며 돌아서야 하리.
하루살이 하나
타격해 잡아놓고
저토록 정교한 설계자 생각하는 사이
네가 묻어 들어간 팽나무 그늘은 까뭇 깊었다.

  삶은 만남이라고 한다. 수필 쓰는 철학자 안병욱 교수는 그렇게 말했다. 친구를 만나고, 이웃을 만나고, 먼 나라 사람들을 만나며 산다. 그리고 마침내 낯설어진 나를 만나려고 떠난다. 이 마을에선 나마저 남이다.
  예감豫感이란 말에는 운명의 빛깔이 묻어 있다. 운명의 빛깔 그늘 아래 꽃잎은 지고, 진 꽃잎은 시든다. 그 아래 한 겹만 더 내려가면

연꽃은 진흙 속에서 언어로 잡히지 않는 뿌리를 기른다. 연뿌리에 구멍이 조롱조롱 난 까닭은 푸른 하늘 진흙 속에서도 숨쉬려는 뜻일지도 모른다.

감각을 건드리는 놈들은 참기 어렵다. 날파리 하나로 인해 밤이 편치를 않다. 사력을 다해 잡아 죽여야 잠을 잘 수 있어, 한심을 극한 밤이다. 날파리를 설계한 '신'은 손이 얼마나 정교했을까. 눈에 보일 듯 말 듯 가는 다리가 바르르 떤다.

네가 떠나기는 떠날 모양이다. 네가 떠나면 막막한 시간, 팽나무 열매 맛이 들기 전에 내 긴 그림자 그 그늘에 묻혀든다. 그리고 밤은 오리라.

오늘이 사람들이 점차 잊어가는 국치일國恥日이다. 1910년 8월 22일 조인, 8월 29일 발효된 韓日倂合條約한일합병조약, 이완용, 송병준 … 신소설 '혈의 후'를 쓴 이인직도 한 몫을 했다. 이 조약문을 성당惺堂 김돈희金敦熙(1871~ 1836)가 썼다. 깔끔한 필체다. 정말 손이 안 떨렸을까. 그가 東亞日報 창간호 제호를 썼다는 건 또 무엇인가.

(2023.8.29.)

호박꽃
- '뿌리, 줄기, 꽃'을 한꺼번에 가리키는 말이 없다.

순아, 너는 황금빛 향기를 밟고 온다.
호박 풀떼기 찰수수 빛깔로 젖어든다.

네 몸에 벌이 들어가 잉잉 꿀을 모으는 사이
내 유년은 꽃가루 되어 불불 끓어오른다.

아직도 너는 댕댕이 덩굴 바구니 짜고
왕골속 뽀송한 손길은 꽃잎을 더듬는다.

저승에서 일곱 매듭 풀고 춤추었다는 증조할머니
지팽이 짚고 호박넝클 타고 돌아오기도 했다.

쇠비름 널린 황토밭에 젖빛 뿌리내리고
내 속에서 추억의 똬리를 틀고 들어앉아

아침이다! 햇살 바퀴도 설렁설렁 굴려온다.

 짧은 소매 팔뚝이 서늘해서 잠을 설쳤다. 이 무렵이 되면 시절을 안타까워하듯 애호박이 정신없이 달리기 시작한다. 호박꽃도 다른

철보다 빛이 화려하다. 황금빛이다. 왠지 수수빛깔이 연상된다. 이유를 대는 거야 소설에서 하고 여기서는 연상을 따르려 한다.

어머니는 손끝이 여물어 댕댕이바구니를 잘 짰다. 외할아버 자리 매느라고 고드랫돌 달그락거리는 소리가 음악 같았다. 왕골... 속이 보송보송 소녀의 손등 닮았었지. 증조할머니의 임사체험, 그 이야기를 들을 때는 잿간 지붕 위에 박꽃이 달빛에 젖었다. 뒷날 아침에 본 호박꽃이었는지도 모른다.

호박이 생명력이 왕성한 것은 수염뿌리 덕이다. 줄기를 벋어가면서 마디마다 뽀얀 뿌리를 땅바닥에 길게 내린다. 토박한 황토밭 쇠비름 무성한 데다가도 뿌리를 내렸다. 그 뿌리에 기대어 뻗어가는 호박줄기는 파충류 지나가는 소리를 내면서 우쭉 자랐다.

어정거리면서 밤이 가고 아침, 황금빛 호박꽃을 맞이하는 햇살은 법륜法輪처럼 굴러 내 속으로 들어온다. 나는 나를 잊어버린다.

(2023.9.7.)

삭정이

내가 나무를 알면 얼마나 알랴.
아니, 꽃들을 사랑하면 그 또한 얼마랴.

사랑도 얼마간 거리를 두어야 하는 것처럼
나무들이 잎을 떨궈 흙으로 돌아가는 어느 날
손으로 나무 둥지 더듬으면서 숲으로 들어가
나뭇가지가 갈라놓은 하늘에서 쏟아져내리는 빛
눈이 부셔 검은 흙이 드러난 땅을 굽어보면서
어지럼증 달래는 사이
눈앞에, 발에 걸리는
검은 나뭇가지 하나
떨어져 내려온 흉터가 칼을 맞은 듯 깔끔하다.

나무는 때가 되면 자기 몸 한 가닥씩 내려놓는다.
나는 수많은 가지, 그 말들을 버리지 못해 몸이 무겁다.

(2023.12.3.)

내가 터놓는 말들이 하나같이 업보가 된다. 그 동안 참 많은 말들을 하고 지냈다. 이유야 분명하다. 말을 제쳐두면 나를 드러낼 방

법이 없다는 것.

내가 운용한 말은 이야기로 시작되었다. 이야기가 모양을 달리해서 소설이 되었다. 소설을 허구라 한다. 허구는 내 허술한 존재의 보호막이었다.

한편, 말을 가지고 가르치는 일을 하기도 했다. 가르치는 일의 바탕은 공부에 있다. 공부는 다른 말로 연구라 한다. 논리를 앞세워야 하는 연구의 언어는 삭막하다.

소설과 연구 사이에 새 잎이 피어나기도 하고, 단풍이 들었다. 때로는 무지개가 서기도 했다. 그 무지개를 바라보면서 가슴 뛰는 '감정'을 놓치고 싶지 않았다. 다행히 시라는 그물이 있었다. 시를 쓰다 보니 감정이 넘쳐나곤 했다. 그건 워즈워드에서 끝나야 하는 풍조였다.

집착을 버리는 일, 나를 아래로 던져두는 放下着방하착, 가을 산골 물소리 탐내지 않고 듣는 그런 귀를 가져야 한다고. 흥분하지 않고 또한 비웃지 않기....사물이 제 모습을 보이기 시작하는 느낌이 들었다.

말하자면 뭐랄까, 정지용의 파악을 따르면, '노승의 장벽을 타고 내리는' 인동차 같은 그런 시를 쓰고 싶은 게 요즈음 내가 생각하는 언어의 모습이다. 그래서 자기 몸을 덜어내는 삭정이가 예사로 보이질 않는다.

(2023.12.5.)

백합百合

백합은 향기가 짙어
꿈꿀 일이 없다.

새하얀 꽃잎과 자주빛 꽃술 사이
이따금 호박벌이 날아와 꽃속에 머리 박고 취한다.

성모의 순결을 보증하는
이 화려한 꽃 한 줄기가
지구를 떠받치는 신앙의 지팡이가 되기도 했다.

백합은 어느날부턴가 타락을 거듭해서
순결의 꽃부리에 色칠을 하고서는
몸값을 올리기도 하고
'검은 백합'도 만들어 동록銅綠을 돋아올리기도 했어라.

제국의 골목길 돌고 또 돌아
이제는 아, 유리(Yuri)가 되어
레즈비언들 밑을 씻기도 하느라고
백합은 악몽에 시달려 힘을 못 쓰고 쇠어버렸다.

'온 놈이 온 말을 하여도 님은....' 백합이라 하소

백합은, 하양 저고리 자주끝동 선명한 나의 처녀,
그대는 독한 향기로 외로워, 오늘 하늘 또한 담천曇天이다.

우리동네 사람들(12) 연작 가운데 한 편이다. '백합 화원'에서 본 백합 이미지...

오자서가 사는 동네에 꽃집이 서너 군데 있다. 오자서는 꽃집 앞을 지날 때마다 저 가게 월수입이 얼마나 될까를 생각하곤 한다. 장미 한 송이에 로열티 천원씩인가 붙는다는 이야기를 환기하곤 혼자 웃는다. 꽃집의 여인은 기혼인가 미혼인가 돌싱인가 그런 생각을 하다가 또 웃는다. 꽃을 두고 별 생각을 다 하는 자신이 우스워, 꽃처럼 웃는다.

뜰 앞에 백합이 만발했다. 한 주일 내내 백합 향기가 오자서네 현관을 지나 거실까지 들어와 사물거린다. 한 다발 꺾어다가 거실에 둘까 하다가 멈칫한다. 백합의 향기는 죽음을 몰고 온다는 얘기가 떠올라서였다. 그래서 문병을 갈 때 백합을 선물하지 않는다는 이야기도 있다. 가장 우아하게 생을 결단하는 방법은. 백합을 방에 한

다발 꽂아놓고 잠들면 소원대로 잠든 채 편안하게 '간다는' 이야기는 사회심리학을 가르치던 진영면 교수가 해주었다.

백합과 연관된 이런저런 생각, 이미지, 노래 가사, 그런 것들이 어지럽게 떠올라 오자서를 흔들어 놓았다. "꿈이여 다시 한번 백합꽃 마음속에"(현인) "가시 밭에 한 송이 흰백합화"(김호 시, 김성태 곡) "백합화 꿈꾸는 들녘을 지나"(님이 오시는지) 발자크H.de Balzac 〈골짜기의 백합〉, 네덜란드에서는 한때 백합 한 송이가 집 한 채 값을 호가했다는 이상한 이야기도, 오자서는 기억하고 있다. 그런데, 일본에서는 백합百合을 유리ゆり라고 한다. 이게 문화전개의 맥락에서 레즈비언을 상징하는 말로 둔갑했다. 남색가를 '장미'라 하는 데 대응하는 기호란다. 오자서는 얼마전 서울 한복판에서 벌어진 '퀴어축제' 생각을 했다. 꽃의 변종은, 말하자면 호모나 레즈비언을 닮은 게 아닌가.... 호피 닮은 참나리, 안짱다리 불꽃나리, 우드릴리 이런 놈들. 이은상 시로 되어 있는 동무생각에도 백합이 등장한다. "....청라언덕 위에 백합 필 적에... 청라언덕과 같은 내 맘에 백합 같은 내 동무야" 아무튼 백합에는 의미의 먼지가 덕지가 져 있다.

시가, 문학이 의미의 먼지를 걷어내는 일인가, 먼지를 덧칠하는 일인가. 시가 존재를 드러내는 일인가 본질을 정당화하는 작업인가. 오자서는 이마를 짚고 앉아 있다가, 현관으로 나서서 뜰에 핀 백합을 한참 쳐다봤다. 백합 향기가 기억을 훑고 지나간다. 알랭드롱을 닮았던 미술선생 '이택호'(실명)는 자기 집에 피어 있는 백합을 미술반 학생들에게 보여주며 먼산바래기를 하고 앉아 있었다. 그 여름이 가고, 2학기가 시작되었을 때, 그가 대천해수욕장에서 자살했다는 이야기가 돌아다녔다. '제 8요일을 어떻게 살 것인가', 전 해 교지에 그런 사인을 남긴 미술선생이었다. 학생들은 제8요일이 무슨 요일인가 굿바퀴를 세웠다.

"존재는 본질에 앞선다, l'existence précède l'essence" 장폴 사르트르를 넘어서는 방법은 무엇인가. 본질과 순수를 이야기하고 싶은 이 의미의 욕망을, 그 허접한 말로 어떻게 할 것인가. 오자서는 하늘을 올려다보았다. 장마비(장맛비라고 쓰면 비가 무슨 장맛인가, 저런, 복시인의 말) 머금은 구름이 앞산을 가리고 있었다. 하늘? 그건 잘 모르겠고, 백합은 아내의 처녀적 얼굴이다.

(2022. 7. 22)

무당거미

너와 나의 인연이 무엇이었는지
내가 가는 앞길을 막아대는 거미줄
그건 또 무슨 인연이길래 이리 질기고
끈적대면서 나를 칭칭 감아 얽어매는가

무당이라는 게 인물치레 하나는 훤칠하고
입성이 고와야 공수도 잘 내리는 법이라
무당거미 하나 인물도 입성도 빠지지 않아
그 빛깔이 '르동'이니 '샤갈'을 끌어오기도 한다.

무당거미, 철의 오고감에 유난히 민감해서
처서 앞두고 정원의 나무마다 거미줄 진지를
구축해서 자기 죽을 줄 모르고(잘도 알겠지)
소년이 빗자루 들고 거미줄 무찌르는 이 아침….

무당거미 알을 낳고 죽으려 준비한다는 이야길 꼭 해야나
생명이라는 게 그렇게 엄숙하다는 이야길 하면서
아이의 빗자루 빼앗아야 내던져야 하는가.

"저어, 무당거미 보셨어요?" "이 거미가 때깔이 무척 곱지요."

요즈음 무당거미가 나무와 나무 사이에 집을 부지런히 짓는다. 거미줄에 얽히는 놈마다 잽싸게 달려들어 먹어치운다. 알을 낳자면 영양이 충분해야 한다. 먹는 것도 자기 의지에 따라 줄이고 늘리고 할 여가가 없다.

무당거미가 거미줄을 치기 시작하면 나무 사이로 돌아다니기가 영 불편하다. 늦물 토마토도 따야 하고 호박이 달렸는지도 찾아보아야 하는데 거미줄에 걸려 영 불편하다. 손주가 빗자루를 들고 다니면서 거미줄을 제거한다. 시인 옥가효는 그게 즐겁지만은 않다.

루이스 부르주아아의 Maman(엄마) 이란 거미 조각작품이 4천만 달라에 거래되었다고 한다. 욕망과 시기 질투, 탐욕 그런 거미 이미지를 '모성'으로 전환한 것이다. 왜 무당거미를 작품화하지 않고 일반 거미를 다루었을까. 하기는 거미란 놈이 거무티티하고 다리를 버티고 서면 겁을 먹게 하는 모양이 제격이다. 루이스 부르주아가 주목한 것은 알을 밴(낳는) 거미에서, 어린 시절 엄마에게 대들곤 했던, 자아성찰과 마음의 치료에 다가간다. 이 작품이 페미니즘에 연결되는 이유가 여기 있다.

(2022. 8. 21.)

청설모

이 고요히 가을로 익어가는 밤나무
가지 사이 휘뜩 지나가는 그림자

해가 열 번 바뀌기까지 기다리면사
호두 알맹이 다글다글 손에 들겠지

기다림은 헛되이 공중에 파문을 내고
비문인 양 꼬리 소담한 짐승 한 마리

 흔히 청설모라 하는 이 짐승은 청서靑鼠다. 청서의 털을 청서모靑鼠毛라 한다. 붓을 매는 데 쓰이는 양질의 재료다.
 '청서모'가 음전해서 '청설모'가 되었다. 푸른빛 서리를 연상하게 하는 '청설모'는 순 우리말로 '날다람쥐'라 한다. 이는 '하늘다람쥐'와는 사촌간이다. 아무튼 남들 하는 대로 '청설모'라 하자.
 호두나무는 애증이 교차한다. 이 나무는 오월 푸르게 윤기도 곱게 돋아나는 이파리와 알키한 향기가 매력이다. 그리고 가을에 호두를 따서 손주들에게 주는 재미도 호두나무 심은 연유 가운데 하나였다.
 나뭇가지 사이를 건너뛰는 청설모는 이 땅의 자연이 살아 있다는 증거다. 그런데 이놈이 식성이 유달라 호두를 한 알도 남기지 않고 다 따갔다. 풋밤은 가시 때문에 건드리지 않고 알밤을 기다리는 모양이다.

이전에는 숲이나 잡초 우거진 언덕에서 다람쥐를 만나곤 했다. 청설모가 설치고 다니는 길에는 다람쥐 꼬리 볼 기회가 없다.

다람쥐, 청설모, 생쥐 따위를 설치류齧齒類 동물이라 한다. 이 어려운 벽자 설齧은 갉아먹는다는 뜻이다. 앞니가, 위아래 쌍으로 난 놈이 시도때도 없이 자라나, 그걸 갈아서 닳려야 한다. 아무거나 쏠아야 한다. 그래서 쥐띠는 부지런하단다. 내가 쥐띠다. 내 부지런은 대개 헛부지런이다.

푸른 하늘 아래 칸나가 핏빛깔로 허공을 떠받치고 서 있다.

(2023.9.10.)

제3부

봄과 가을 사이

방콩과 바구미
- 입춘 지나며

아마 절기로 이맘때쯤이었을 게다.
할머니는 키에 앉은 보릿겨를 털어내고
그 바닥에다가 뒤웅박에서 까만 방콩을 좌르르 쏟아놓고는
나는 눈이 잘 안 뵌다, 너 이리 오너라, 손자를 불렀다.
도르르 도르르 파도를 이는 방콩 알맹이 사이로
작은 딱정벌레 같은 놈이 발발대고 기어다니는 걸 보고는
바구미란 놈이 많이도 실었다. 옹솥 헹구는 솔을 찾다
바구미를 쓸어 사기 대접에 담으면서, 주릴 틀어 족칠 놈!
너 눈 밝으니 봐라, 방콩 눈이 살아 있으면 싹이 나기도 하는 법이다.
   바구미 먹은 콩을 골라 양은대접에 담고 호미 찾으러 광으로 들어가는 할머니
   내가 자라는 사이 할머니는 허리가 굽어, 저기 가는 저 노인 꼬부랑 노인이다.
   내가 앞질러 가서 호미 찾아야 했던 건데....

   바구미 먹은 콩에서 싹이 날까? 정말 콩싹이 떡잎 벌리고 올라올까?
   대문에 입춘첩 붙이던 영감이 혀 차는 소리가 클클클 들렸다.
   바구미 먹은 방콩 심는 주책맞은 늙은이라니, 그런 비아냥

이었을지도 모른다.

　오래 전에 읽은 〈인간현상, Le Phénomène humain〉은 테야르 드 샤르댕(1881-1955)이 1955년에 내놓은 책이다. 말년의 저작이기 때문에 그의 사상이 총정리되어 있다고 생각된다. 정태옥 선생이 샤르댕에 '사상'을 소개하는 책을 냈다. 거기 '후기'를 자기가 썼다고 나은희 페친이, 나에게 책을 보내왔다.

　샤르댕, 지질학자, 고생물학자, 신학자인 그는 종교와 과학의 만남 가능성에 대한 논리를 적극 추구한 선각자적 시각을 가졌던 분이다. 샤르댕은, 발상이 시적이라서 경이로움을 자아낸다. 창발하는 우주는 정향진화를 거듭한다고 주장한다. 정향진화는 …. 물질의 진화는 내면화를 수반한다. 이러한 진화의 궁극점에 오메가 포인트가 놓인다. 오메가 포인트 또한 완결을 향해 나아가는 기착지로 상정된다.

　지구는 하나의 자율 시스템이다. 입춘은 자율시스템의 칼렌더 한 장이다. 그 자율시스템에 인간이 태클을 걸기 시작한 지는 오래되었다. 문명이라는 게 그것. 불을 안 쓰고 쇠를 제련하지 않고 살았다면. 문자 없이 살았다면…. 인간을 편들지 않고 이야기한다면, 지구는 방콩이고 인간은 바구미 같은 존재다.

(2024.2.6.)

우수雨水

밤새 비가 내렸다.
곰실대며 내리는 비에 강이 풀리고
'짐 실은 배가 새벽안개 헤쳐오면'
목련은 퍽퍽 터지고 진달래는 산자락에 불타겠다.

밤이 깊어지면서
비는 유행가처럼 달콤하게 질척거렸다.
창밖에 비맞고 어른거리는 그림자가 있어
오기택 찾아와 입술 깨물던 '우중의 여인'인가.

새벽이 되자 바깥이 궁금했다.
문을 여니 뜰이 안개에 가라앉아 있다.
내 안의 거리란 거리는 모두 몰아내고
안개만 안개에 등을 부비며 돌아서는 새벽이다.

절기가 우수雨水라서 새벽에 다시 비가 내린다.

비 내리는 밤에는 잠을 설친다. 가곡도 듣고 유행가 듣다가 새벽을 맞는다. '상림원'은 사방이 산으로 둘러싸인 분지盆地 지형이라 안

개가 짙게 낀다.

우수雨水는 24절기 가운데 하나다. 24절기를 순서대로 정리해본다. 입춘, 우수, 경칩, 춘분, 청명, 곡우, 입하, 소만, 망종, 하지, 소서, 대서, 입추, 처서, 백로, 추분, 한로, 상강, 입동, 소설, 대설, 동지, 소한, 대한. 잘 조직된 농업용 캘린더다.

1년 12달, 대강 보름씩 갈라 절기를 배정하면, 위와 같이 된다. 농가월령가農家月令歌의 월령月令은 매달 해야할 일들을 정리한 목록이다. 우수에 남쪽에서는 땅이 거의 풀린다. 중부 이북에서는 아직 땅이 풀리기 전이다. 우수 경칩에 대동강 풀린다고. 그런데 입춘에 장독이 깨지기도 한다.

안개가 짙어 앞을 분간하기 어려우면, 나는 내면으로 폐칩閉蟄한다. 아무것도 안 보이면 나는 나와의 거리도 상실하고 만다. 내가 나와 거리를 상실하면 의식이 소거되고, 진아眞我의 경지로 가라앉는다. 의식이 소거되면 언어가 자취를 감춘다. 그래서 안개를 두고는 시를 못 쓴다. 시는 언어로 쓰기 때문이다. 언어로 언어를 풀어내어 안개 가득한 뜰로 만드는 일, 그게 시일까.

'강 건너 봄이 오듯' 노래를 다시 듣는다.

(2024.2.19.)

꽃샘추위

봄이 왔다고
소식 전하러 우체국에 갔었지.

날개 파들대는
그리움 한 자락 그림엽서로 남아

주소 써들고 나가다가
침끝처럼 얼어 있는 조팝나무 잎봉오리

오소소 떨려오는 한기
목덜미 뽀얀 여인 하나 창구 앞에 섰다.

꽃샘추위는
아홉수 중년의 무릎을 꺾어 치고든다.

 경주 기온이 25도나 올라갔다고 한다. 그날 저녁 한파주의보가 뜬다. 기온이 뒤죽박죽이다.
 우리말 가운데 '꽃샘추위'란 말은 참으로 사랑스럽다. 꽃도 만판 꽃이기만 할까. 꽃을 시샘하여 닥치는 추위가 있어 '꽃샘추위'란다.

호사다마까지야 가겠는가. 지나가는 추위일 뿐이기를 바란다.

그러나 요동치는 날씨 때문에 과수농사가 타격을 입기도 한다.

목련이 정원 남쪽 구석에 흰새 떼처럼 피었다가 오무라든다. 회양목 연한 꽃사이 알키한 향기 사이 날아다니던 벌떼 얼어죽지나 않는지 걱정이다.

벌레가 얼어죽어 '침묵의 봄'이 오지나 않을까 하는 걱정을 본문에 그대로 쓰지는 않았다. 상상은 날씨를 따라 멋대로 오르내린다. 우체국에서 내가 보았던, 목덜미 뽀얀 여자 손님, 어쩌면 아홉수 잘 넘기지 못한 운명을 누군가에게 전하려고 왔을지도 모른다.

아니, 아홉 수 잘 넘겼다고 멀리 있는 짝에게 안심하라고 소식을 전하는지도 모를 일이다. 소설을 쓰다 보면 이런 부질없는 상상을 하기도 하다.

"꽃샘추위는 아홉수처럼 닥친다."

(2023.3.14.)

가을비

산열매 아래로만 떨어지듯
가을비, 과거를 향해서만 내린다.
기억은 상처자국, 찬비 맞아 쓰리다.

가을비, 불안을 예고하며 내린다.
이 무성한 숲이 이울고
저 부푼 열매들 한꺼번에 떨어져
그, 앙상한 풍경에 눈을 퍼부을 것이다.

가을비 수직으로만 내려
정수리 뚫고
창자를 거쳐
땅으로 스며들어,
마침내, 추억과 소망의 뿌리에 닿는다.

일기예보가 맞는 날은 술이 땡긴다. 하늘의 뜻을 알아서 전해주는 이 헤르메스, 내 언어는 누구의 사자使者인가를 생각한다.

가을비는 옛 생각을 들쑤셔놓는다. 낯뜨거웠던 일들을 우울한 풍경 속에 떠올리게 한다. 이제는, 당신이 묻지 말았으면 하는 지난날의 우행을 고쳐할 날이 많지 않다.

　가을비는 불안한 미래를 예언한다. 지금 저 풍경이 이울어 나무들이 앙상한 뼈대를 드러내고 바람과 맞서서 계절을 견딜 것이다. 길을 끊어놓는 눈도 내릴 것이다.

　비는 물이라서, 아래로만 내리고…. 내 몸을 뚫고 지나간다. 물은 흙으로 스민다. 땅속에는 뿌리가 얽혀 추억을 음미하고, 돌아오는 봄 윤기 자르르한 잎을 피워낼 꿈을 꾼다. 가을비는 마침내 그 뿌리에까지 도달해 몸을 낮춘다.

　뒤뜰에 밤 떨어지는 소리가 내 꿈을 깨운다. 저 밤톨 가운데 몇 놈이나마 땅에 뿌리를 내리라고, 아침에 밤 줍지 않을란다.

　추억과 소망, 이 두 어휘가 어떤 불길한 기시감을 불러온다. 코가 날카로운 영국 시인 엘리옷처럼 꼭 4월에만 '기억과 욕망'을 뒤섞으며 라일락이 피어날까.

(2022. 10. 3. 개천절)

입추 아침

새벽 닭소리가 정갈해서 잠이 깨었다.

창에 댓잎 서걱거리는 소리 새벽을 불렀나.

어제 쓰다 막혀서 놓아둔 소설 한 단락,
오고감이 인연 따라 길을 놓는 법이거니
그대 눈물 젖은 손수건 접어 옷소매에 간수하소.

팔뚝에 소름이라도 돋을 듯하여
뜰에 벌개미취 새벽별인 양 듬성듬성 떠올랐다.

말복 지나면 배추 모종을 내야겠다.

자질구레한 이유를 대라면 달리 댈 수는 있겠다. 태풍이 몰아오느라고 공기가 서늘해졌다든지, 서울시내에 장갑차가 나타나 혁명 전야인가 소름이 돋는다든지…. 잼보리 스카우트 대원들 서울로 철수하니 이와 더불어 폭염이 가라앉는다든지.

지구가 삐걱거리면서 돌아가도 24절기 아직은 월력에 기록된 대로 맞아들어간다는 안도감. '저 새는 긴 날을 노래부를 때 옥수수는 벌써 익었다.' 1853년 스티븐 포스터. 켄터키 옛집.

  중학교 2학년 때던가. 집 앞에 노는 땅이 있어 그걸 빌려 김장을 심기로 했다. 바랭이가 우거진 밭에 엎드려 풀을 매다가 허리 펴고 일어서자 하늘이 뱅뱅 돌았다. 어머니는 식식 가쁜 숨까지 내쉬면서 엉클어진 잡초(바랭이)를 걷어내고 있었다. 삼베 등거리가 땀에 흠빡 젖었다.

  풀을 다 맨 어머니는 집 뒤뜰로 가서 등물을 쳐달라고 했다. 뽀얗던 젖가슴. 내가 마지막 본 어머니 젖가슴이었다. 그 해 배추가 한 아름은 되게 자랐다. 어머니는 손이 걸었다.

  어머니랑 바랭이 매던 때가 입추무렵이었을 것이다.

  (오늘도 35도 올라간다고 한다. 입추의 아침은 그냥 아침 얼굴 내밀었다가 사리질 모양이다.)

(2023.8.8.)

추석

어머나, 우리 선재 이빨 나는 거 봐
할미가 못 보는 새에 기적이 일어났어.

애들이 축포를 펑펑 쏘아올리면 말야....
하얀 국화꽃 하늘에 양털구름으로 흩어진다야.

숲에는 비가 내리고, 계절의 무게가 실려
윤기 자르르한 알밤 검은 땅에 뿌리박는다.

 추석은 계절의 눈금 가운데 하나다. 그저 무연히 지나가던 노인들도 손주 이빨 나는 걸 몰라라 하고 지나치지 못한다. 칠순 할매가 어머나! 소리를 질러 보기도 한다.

 추석엔 애들이 동네 큰마당에 바글바글했다. 그 가운데 키빼기 커다란 놈이 마당 가로 밀려나 하늘을 바라보았다. 그 소년의 눈망울을 양털구름이 잔잔하게 깔려 눈물겨웠다. 소년은 자라서 시인이 되었다.

 추석을 앞두고 열사흘 쯤, 달무리가 지고 그러다가 비가 내리기도 한다. 고약한 날씨 다 이겨내고, 추석이 되면, 내가 심은 밤나무, 밤송이 부끄러운 입을 열고 있다. 거기서 땅으로 떨어진 알밤은 검은 대지에 뿌리를 내린다. 말하자면 낯선 정사情死를 도모한다. 한 너댓 해 지나면 두덩에 가시 왕성한 밤송이가 달릴 약속을 하는 모양이 그러한 것이다.

추석에는 낯익어서, 몰라라 지내던 물상이 눈을 반짝이며 다가든다. 상쇠 변영귀가 달빛 풀린 바가지 물을 마신 것은 그날 밤 달무리 아래에서였다지, 아마 그럴 것이여. 맞어. 달밤이었다니까. 황촉규 꽃빛깔 저고리 소매... 자지빛 끝동 달린....

싹틈, 실뿌리.... 그건 위대한 사상이다. 사상이 위대하면 해를 거듭해 등을 달아도 좋으리. 등이야 같은 등이라 해도 거기 뻗어나오는 빛은 늘 새로울 게 아닌가. 뿌리는, 실뿌리는 늘 새롭게 생명을 길러내다. 검은 땅을 파고 들어가는 은빛 실뿌리... 돌맹이 만나면 핏줄이 서기도 한다.

(2023. 9. 25.)

노을

황홀한 상실은
땅거미 몰고와
앞자락에 와르르 쏟아놓는다.

가난한 평생을
은장도로 저며내면
황동광배 적멸로 삭아나 든다.

  노을은 언제 보아도 황홀하다. 그런데 안타깝게도 금방 땅거미가 다가온다. 느긋하게 바라보고 앉아서 나뭇잎 곱던 날 되돌아볼 짬을 주지 않는다. 땅거미는 잰걸음 놓아 칠흑의 암흑으로 다가간다.
  노을 앞에서는 가난도 충만으로 스며온다. 충만한 가난은 마름질을 재촉한다. 속히 지나가기 때문이다.
  젊은 시절의 가난은 그걸 극복했을 때만 은총이 된다.
  노을빛 그 빛깔은 황동광배처럼 타오른다. 황동광배에 어리는 빛은 적멸로 삭아든다.
  노을을 길게 쓸 수가 없다. 노을은 짧아야 노을이다. 아쉬워서 감미롭다.
  노을의 배를 째고 머릴 내미는 땅거미, 그 황홀하고 음흉한 시간

폭을 소설로 쓰기도 했지. 쇠스랑으로 등을 찍는 놈의 얼굴이 조카인 듯 역적인 듯. 그런 이미지의 엇갈림.... 그 골목을 지나야 탯줄 자르는 소리... 아이는 자지러진다.

마크 로스코는 땅거미 저쪽까지 나아갔다가 암흑의 근원으로 되돌아갔다. 그는 구상·추상을 거쳐 화폭을 삼등분 해서 단조로운 색으로 칠하는 그림으로 나아간다. 마침내 화폭을 검정 페인트로 칠하고 또 덧칠하는 '무의미 회화'로 다가갔다가, 암흑 같은 방에서 검은 그림을 그렸다. 존재의 거부행위. 그게 예술이 되는지는 모르겠다.

마스 코스코(Mark Rothko 1903-1970.)의 본명은 Markus Rothkowitz이다. 미국 뉴욕 시민이 되어 마크 로스코로 이름을 바꾸었다.

양 손목에 면도날을 들이댄 것 최후의 '붓질'일까. 그의 그림은 그런 실존적 고뇌의 스펙트럼에 자리잡는다.

(2023. 9. 21.)

성인 탄생하신 날

조용히 눈이 내려 숲이 숨을 고른다.

맑은 종소리
숲에 서 있는 나무들
물관에 물이 돌아
동굴에 잠자던 어린 곰

때아닌 잠에서 깨어나 하늘 바라본다.

별빛 달려가 내리는
그윽한 동굴이 있어
별과 눈 맞추어 생글거리는
웃으면서 태어난 어린 별

십자가에서 별로 부활할 생애, 그는 알았을까.

 기적을 설명하는 논리는 수용하기 어렵다. 기적을 예시하는 이야기는 믿음이 간다. 예수가 탄생했을 때 마리아와 요셉의 나이는 각각 얼마였을까가 궁금해진다. 기적에 숫자를 붙여 풀이하려는 건

얄궂은 짓이다. 알고리즘의 신앙....

  웃으면서 태어나는 인간은 없다는 이야길 해놓고, 그게 인류학적 설명이 안 된다고 마음을 졸였는데, 눈오는 크리스마스에 이야기는 풀리는 듯도 하다. 부활의 기적을 보여준 예수라면 태어날 때에도 웃으면서 태어났을 것 같다.

  이스라엘이 가자지구를 포격하여 70명 이상이 죽었다는 소식이다. 성인 70명을 처형한 셈이다. 성인은 무명의 부모에게서 태어난다. 세상에, 성인만 있는 나라는, 그런 나라가 존재하다면 성인 앞에 무릎을 꿇는 자가 없어 성인은 스스로 성인을 포기한다. 나는 나에게 성인이다. 그 성인을 버려야 다른 성인이 태어난다.

  윤회가 꼭 저승이, 내세가 있어야만 논리가 서는 것은 아닐 듯하다. 내가 발 붙이고 사는 이 땅에서 내 존재가 한 단계 상승하여 다른 존재로 태어나는 그걸 윤회라 하는지도 모르겠다.

  멈추었던 눈이 다시 조용조용 내리기 시작한다. 임현정이 연주하는 바흐 '평균율 1번'을 듣고 있는 중이다. 눈송이가 점점 굵어진다.

(2023.12.25.)

초겨울

칸나는 잎이 푸짐하고
꽃이 소망처럼 마냥 붉어
성하가 길 줄만 알았지.

히야, 노자를 읽던 날
참말로 말을 그리 부리는지
유약승강강柔弱勝剛强이란다.

어두운 밤 서리 치는 사이
칸나는 후줄근 몸을 누이고
얼었던 몸은 이미 넝마인 것을.

 칸나는 구근 생산력이 높다. 땅이 얼기 전에 구근을 캐보면 참으로 먹음직하다. 가을 들어 꽃이 지는 때를 기다려 땅속에 내년을 약속하는 구근을 실하게도 길러 놓는다. 구근이 팽팽하게 일어선 변강쇠 거시기를 빼닮았다.
 인간은 전체를 볼 수 있는 눈이 없다. 내 뒤에서 존재가 현시되는 것 같아 돌아보면 아무도 보이지 않는다. 그리고 앞은 늘 아득하다. 더듬는 것도 눈에 보이는 것이라야 더듬을 수 있다. (이미 이전에 보

왔던 것일까.)

가을이 어정어정 걸어오는 동안, 혹한이 급습할 것은 잊고 지낸다. 초겨울에 닥치는 혹한은 죽음을 연상하게 한다. 아니 죽음을 몰고온다. 청청히 푸르던 잎이 마르고, 파초와 칸나 잎이 후줄근하게 내려앉는다. 성하盛夏의 믿음이 우직하다는 걸 그렇게 일깨운다.

추위가 생명을 절딴낸다. 우리가 눈으로 보지 못하는 구근 속에 봄이면 싹터나올, 그 유약한 생명이 웅크리고 있다. 노자 살던 동네는 얼음이 얼지 않았을까. 초겨울 닥치는 추위는 강강승유약剛强勝柔弱이다. 이 또한 보이는 것만 가지고 하는 말이렸다. 생명의 본령은 유약을 지나 섬약纖弱하다. 그래서 논리는 튄다. 유약승강강柔弱勝剛强. 어불가탈어연魚不可脫於淵, 국지이기불가이시인國之利器不可以示人. 유약함이 강강한 것을 이기나니, 물고기는 연못을 벗어나면 못 살고, 나라 다스리는 부드러운(예리한) 책략은 딴 나라에 내보이지 말아야 한다.

진리는 디테일을 생략한다. 공자가 인仁을 이야기할 때 노자는 천지불인天地不仁을 설파했다. 노자가 옳은 것 같다. 넝마가 된 칸나 이파리 아래 구근은 어기차게 버틴다. 흙이 부드럽기 때문이다.

(2023.11.14.)

바람 부는 밤

밤이었다.
바람소리 속에 갇혀 울컥대는 집
제목만 알던 낡은 책을 펴든다.
낡은 책은 100년이나 부끄럽다.

바람이었다.
바람은 언제나 안에서 불어왔다.
안에서 부는 바람은 끼어안을수록
사납게 육신을 들쑤시고 지나갔다.

어둠은 파도였다.
밤과 바람을 노래하던 시인은
시집 열 권을 내고…… 그리고는
목 매달 상수리나무를 찾아다녔다.

……어둠은 바람으로 울고
흰 두루마기자락 깃발인 양 펄럭이며
산모롱이 돌아가는 늙은이 하나 있었다.

바람은 방향을 종잡을 수 없이 분다. 삶의 방향으로도 불고 죽음을 향해 치달리기도 한다. 나는 바람과 외다리 씨름을 한다. 바람은 도깨비를 닮았기 때문이다.

폴 고갱이 태어난 해는 1848년이다. 소설가 우공은 1948년에 태어났다. 이 거리가 무엇인가를 생각하는 밤, 바람이 어지럽게 불어 그치질 않는다. 집이 전란의 포성 만난 듯 흔들린다.

예술행위가 번제燔祭라고, 선덕여왕의 사랑을 위해서는 지귀志鬼 같은 불귀신도 있어야 한다. 가슴에 여왕 사랑하는 연서 한 아름 끼어안고 불타 죽은 그런 사내가 사랑을 일궈낸다고, 인생에는 대차대조표가 필요치 않다는 생각.

내가 아는 시인은 아류였다. 서러움 대신 사랑의 영원함과 은혜의 무궁함을 노래했다. 시인은 비평가를 지독히도 싫어했다. 당신이 아류라는 걸 이야기하는 비평가에게 목을 매달아 죽어보일 작정을 해보기도 하는 것이었다.

밤에 부는 바람은 어둠의 파도다. 소설가의 자의식에 이별을 고하는 파도소리를 내면서 밤새 그칠 줄 모르고 불어댄다. 자성의 끝에는 늘상 비애의 흰 깃발이 펄럭였다.

(2023.11.23.)

눈이 내려

눈이 내려
비로소 하늘이 뚫렸다.
지혜의 그물망 사이로 빛을 뿌리며
살갑게 나풋거리는 나비떼 날아난다.

눈이 내려
산골에 발을 묶어놓았다.
산골에서 읽어버린 책장 사이로
눈발이 설레어 육체는 슬프다.*

눈이 내려
내 안에 묶였던 꿈이 기지개를 켠다.
꿈은 새날의 빛과 함께 사뿐사뿐 풀린다.
젊은이가 꾸는 꿈을 솔가지에 얹어 준다.

눈이 내려
물안개 피어나는 새벽은 열린다.
눈 내리는 호수의 물안개는 매혹이다.
매혹된 영혼이 낸 길을 따라 날도 밝는다.

산골에 눈이 내려 발이 묶이는 날, 나는 비로소 꿈을 꾼다. 푹푹 내리는 눈을 바라볼 일밖에 없는 시간, 하늘에 걸려 있던 지혜의 그물망이 장막처럼 펼쳐지고, 그 사이사이 올을 풀며 눈이 내린다. 읽었던 책들이 기억에 되살아나고 나는 몸이 무겁다.

눈발 나풀거리는 길은 소실점 없는 저쪽으로 묻혀가고 나는 꿈을 꾼다. 내가 나에게 오롯이 집중하여 침잠하는 시간, 나는 눈처럼 시간의 보표를 타고 내린다.

눈길을 밟고 나서는 새벽, 새들 날개짓처럼 퍼덕이는 그대의 꿈을 만난다. 꿈과 꿈이 만나 안개로 풀어지는 호면에 잔잔하게 이는 물무늬.... 물오리 한 쌍 새벽부터 자맥질이다.

한 해가 저물고, 눈 속에서 새해를 기다린다. 가지에 눈이 얹힌 소나무 아래 맥문동이 파랗게 얼어 싱싱한 아침이다.

별표*를 지른 구절은, 슈테판 말라르메 'Stéphane Mallarmé'(1842-1898) '바다의 미풍' Brise marine 첫 행이다. La chair est triste, hélas ! et j'ai lu tous les livres. 책과 육체, 둘 다 궁극은 아니다. 그래서 바다로 떠나야 한다. 그런 충동으로 산 시인. 프랑스에서 말라르메가 이런 시를 쓴던 해(1865년, 추정) 링컨이 암살당한다. 존 윌크스 부쓰가 범인으로 알려져 있다. 조선에서는 고종 2년.

(2023.12.31.)

눈이 내린다

시인 윤동주가 별을 헤던 하늘,
그 하늘이 태초의 어둠에 묻혀
어둠 속에서 별들이 부서져 흰눈으로 설레며 나부낀다.

눈발 속에서 이름들이 삭아든다.
정답던 이름들,
고깝던 이름들,
짜안한 이름들,
마침내 너의 이름까지 순백으로 삭아들어….

눈발 속에서 나는 내 이름조차 잊는다.
나의 의식 표면에도 무의식의 심층에도
이제까지 쌓아온 업보 적멸의 자맥질 거듭하는 동안

이름 없는 눈이 어둠의 지층에 쌓여
이제는, 이승에서 부를 이름이 바이 없다.

 나를 만드는 것은 남들이 나에게 붙여준 이름들이다. 나의 알몸에 붙어다린 이름들이 나를 찌르고 나를 더듬기도 한다. 나를 마사

지하는 이름들에 나는 다소곳이 흔들린다. 흔들림은 현기증으로 바뀌기도 하고, 좌절을 강요받기도 한다. 윤동주는 별을 헤면서 이름을 불러내곤 했는데, 어둠이 무너져내리는 것처럼 눈이 오는 하늘은 태초의 어둠이고.... 강아지와 함께 길에 나가 돌아다니길 진작 그만둔 나에게, 눈은 이름들을 지우며 내린다. 마침내 나의 이름조차 지워지면, 나는 어둠속을 날아나는 눈송이처럼 몸이 가벼워져 의식과 무의식, 그 어두운 강을 건너 존재의 나루터에 가 닿는다.

눈이 내리는 날은 산골짜기로 올라간다. 정강이까지 묻히는 눈을 헤치고 걸어 올라가다 보면, 눈속에 물 흐르는 소리가 들린다. 물소리는 나의 내면에 흘러가는 물소리다. 그 물소리 닿는 데가 나의 기착점이다.

물은 차고 맑다. 찬물에 몸을 담가도 좋겠거니....눈이 내리는데.

(2022.12.21.)

가난한 하늘에서 내리는 눈

가난은, 그걸 이겨낸 자에게만 결고운 추억이 된다.

새벽 미명에 길을 나선다.
어둠에 얽힌 길에 써늘한 안개가 감돌아
이 길은 돌아올 수 없는 강에 닿아 있을지도 모른다.

종이 뜨느라고 물불은 손마디
서럽고 쓰린 이야기 감추고
닥나무 희디흰 한지, 새벽빛 기다린 세월이었다.

삼십삼천 하늘에서 쏟아지는 문자들
순백의 앞자락에 받아내어 두 손 모으면
오악의 부처님들 그 손을 잡아 성불의 길로 이끌었으리.

까짓거, 눈도 오는데, 이 나이에
손년시절 소금발로 돋았던 상처며 손꺼스러기까지
가라앉을 만큼 가라앉고 풀릴 대로 풀려서 기러기 날개 여유롭게....

종일토록 보리쌀 뜨물처럼 찌푸렸던 하늘

호쾌하게 무너져, 눈발 거세게 바람 타고 날리어
가난을 이겨낸 역사의 페이지인 듯, 거친 바다 돛폭인 양 펄럭인다.

2022년 12월 13일이었다. 한지 만드는 공정을 보러 전주에 가는 길이었다. 아직 미명인데, '새벽출정' 나서는 병사가 되기라도 한 것처럼 호기롭게 길을 났는데, 이게 돌아올 수 없는 어떤 강에 닿아 있는 길 아닌가, 위태로운 생각이 들었다.

전주에서는 복효근 시인의 안내로 '전주천년한지관'에서 한지 만드는 재료, 과정, 한지의 용도 등의 설명을 들었다. 제지장 곽선생, 평생 한지 뜨느라고 물젖은 손가락은 악마디가 져 있었다. 가난한 세월 견뎌낸 생애가 디테일로 떠올랐다. 자손은 몇을 두었는지, 내외간 정은 좋은지 그런 걸 묻지는 못했다. 소주 한잔 같이 하자고 못한 게 맘에 걸린다.

오늘도 종이와 인연이 짙은 날이다. 종이 만들었으면 거기 어떤 글을 쓰든 그림을 그리든 인간사를 엮어 넣어야 종이값을 한다. 그렇게 종이는 인쇄와 연을 대게 된다. 물론 그 이전에 종이에 글을 써야 한다.

권재술 전 교원대 총장의 주선으로 청주 '고인쇄박물관'을 방문했다. 직지심경, 그거 금속활자로 박아내는 데 들어간 정성, '구텐베르그의 갤럭시' 그 넘어 도솔천을 흘러가는 강물이라도 되었을 듯하다.

최돈형 학형과 외우 박인기 교수와 어울려, 권총장이 주선한 저녁을 먹었다. 생애 처음 터놓는 얘기라면서 가난한 소년 시절 서러운 이야기가 잘 괸 술맛으로 푸짐했다.

가난했던 시절 이야기는 해석을 거부한다. 그것은 본질에 앞서는 실존이라. 실존과 실물이 만나 이루어내는 의미지평은 언어 이전의 공감역이다. 그때가 좋았다던지, 그때 그 정황에서 어떻게 살았는지 모르겠다든지, 그게 다 그때 사는 모습이었지, 맞아! 하는 공감이다.

아쉽게 자리 마무리하고 돌아오는길, 하필이면 내가 중고등학교 다닌 천안·안산역, 거기 고속기차가 머물렀는데, 가난한 하늘 무너진 듯 눈발이 바람 타고 날리어, 하늘이야 가난해도 눈발은 풍성한 그리움으로 설레었다.

(2022. 12. 14.)

겨울 골짜기에서

칼바람이 카랑카랑 불더니
하늘이 무너진 것처럼 눈이 내렸다.

산봉에서 골짜기 거쳐 산골집 마당까지
순백으로 자글거리는 낮이 조용히 펼쳐졌다.

동화속 풍경처럼 포근한 밤을 지내고
눈부신 햇살 아래 사글사글 시간 삭는 소리.

흰눈도 짐이라 휘어진 가지 사이 햇살 벌자
참새떼가 소나무 가지 흔들며 눈을 털어낸다.

고요를 극한 대낮, 솔개가 하늘 한 바퀴 돌아
장끼가 푸드드득 골짜기에 솟쳐 곧장 박힌다.

고라니 발자국 따라 골짜기로 들어가면서
도화원에선 듯 또록또록 이명의 물소리

양지쪽 무덤가에 고라니 한 마리 맑은 눈
살오른 엉덩이에 눈이 녹아 잔디가 금빛이다.

정지용은 산을 아는 시인이다. '깊은 산 고요가 차라리 뼈를 저리 운다'면서, 장수산 겨울밤을 '차고 올연히' 견디겠다고 다짐을 둔다.

나는 아직 그 경지에 이르지 못하고 눈 속에서 물 흐르는 소리가 그립고, 눈에 길이 막힌 고라니가 잔디 위에 앉아 눈 반짝이는 모습이 보고 싶다. 해서 나는 훤소喧騷에서 고요로 건너가는 길목을 서성인다. 이런 길목(Seuil)에서 서성이는 게 오래 버릇이 되어 내 생애 마지막까지 서성일 것 같다.

내 서성임은 문학의 장르 넘어서기로 실현된다. 시와 소설을 겸하고, 내 소설에 대해 내가 '평설'을 쓰기도 한다. 물론 허구형식을 빌려 나를 감추기는 한다. 시가 시그대로 텍스트 완결성을 갖추지 못해 시에 이야기를 덧붙인다 해서 '詩話'다. 이전 같으면 '詩文'이란 용어로 대신했을 터이다.

눈이 온 날, 골짜기에서는 물소리가 살아 있고, 고라니는 무덤에 앉아 자기 체온으로 잔디 위에 쌓인 눈을 녹이기도 한다. 시간은 잠시 멈춘다.

(2022.12.29.)

제4부

인간사, 천사만사

장작을 패며
- 설날 할애비

애들이, 손주들이,
마당에 들자마자 팔을 벌리고 달려들어
담쑥 안아들면 할애비 수염볼에 고운 볼을 부빈다.

아이들 따뜻하게 지내야지, 아암 그렇지
어린 싹들 얼어자면 어찌하리, 어이하리
아궁이 재를 긁어내고 광에 들어 도끼 찾아든다.

나무결을 잘 보아야 도끼날 잘 먹는다. 아버지....
옹이진 떡갈나무 토막을 향해 으쌰, 도기자루 힘을 넣는다.
연못에 얼음 금가듯 쩡하고 갈라지는 장작 속이 뽀얗다.

자기한테 도끼자루 맡기라 나서는 사위 등판이 실하다.
할애비, 딸년, 손주들 그렇게 맥이 흘러가서는
큰바다 물결도 높이 설레겠거니, 이명인 듯 뱃고동 울린다.

애들아, 마당으로 모여라!
머리 함함한 애들 데리고 뒷산 오르는 영감 숨찬 줄도 모른다.
토끼는 놀라 골짜기 치오르고, 아이들 함성 메아리는 산을 넘는다.

명절이 되면 나는 동화작가가 되고 싶어진다. 할아버지가 쓴 글을 읽고 자라는 손주를 보고싶어서이다. 동시童詩는 애초에 자신이 없다. 아무리 울궈내려해도 동심童心은 내게서 멀리 떠났다.

설이라고 자식들이 애들 데리고 집에 찾아왔다. 손주들 데리고 내 어렸을때 설풍경을 이야기 해주었다. 나는 칠십년 전의 어느 영감이 되었다. 영감은 나이 잊어버리고 군불 땔 장작을 패기도 하고, 아이들 데리고 뒷산으로 토끼몰이를 나서기도 한다.

중남미로 달려갔던 노예들은 예정기간이 지나자 일거리가 줄어들었다. 그 중 몇년을 농업 노동 인력이란 이름으로 미국으로 또 팔려갔다. 그 가운데 뉴올리언즈에 이전한 이들이 '재즈를 만들어 그들의 음악문화를 이룩했다. 루이 암스트롱은 째즈 1세대이다. 그의 노래 가운데 '이 경이로운 세상은 아이를 보면서 삶을 견뎌내는 힘을 환기한다. 어디선가 루이 암스트롱 노랫소리 들린다. 홧어 원더풀 월드! 아이들이 소리치며 뛰놀고, 옥수수는 벌써 키가 훌쩍 자랐다.

영감은 하루에 십년은 젊어졌다. 설 지나면 칠십, 머지않아 그 날이 문득 와도 아이들 재깔대는 웃음에 실려 구름을 탈 것 같다. 영감은 열은 졸음에 고개가 기운다. 아궁이에선 창작불이 환하게 타오르겠다.

(2023.1.20.)

오해

한번 물어봅시다,
당신 나이가 몇인데….
나의 잎이 물들어 떨어진다고 울어요?

안 물어봐도 알지요
당신이 청춘인 줄 알고
봄에 꽃이 사랑이라고 깔깔댔었지요?

내 말 안 들어도 알 텐데
왜들 눈감고 미련 곰파면서
내가 나에게 거룩한 공양 올리는 줄 모를까.

　가을에 붙이는 이름이 많다. 상실의 계절, 이별의 때, 조락凋落의 한 철, 이들 어사는 대부분 낙엽과 연관된다.
　나무는 자기가 기른 이파리가 떨어져 부식되면 그걸 자양분으로 해서 자기를 튼튼하게 기른다. 낙엽 귀토
　낙엽은 나무 스스로 자신에게 올리는 공양이다. 낙엽이 떨어지는 순간 나무는 부처가 된다.

뒤에 확인한 것인데 '낙엽귀근落葉歸根'이란 성어가 있다.

이는 선종禪宗의 제6대조인 혜능慧能의 〈육조단경六祖壇經〉 부촉품付囑品에 그 내용이 전하는데, 일부만 추리면 이렇다.

〈대사가 7월 8일에 갑자기 문인們人들에게 말씀하셨다.

"내가 신주新洲로 돌아가고자 하니 너희들은 속히 배와 돛대를 손질해 놓아라."

대중이 슬퍼하며 더 계시기를 간곡히 원하므로 조사가 말씀하셨다.

"모든 부처님이 출현하시어 열반을 보이시듯이 오면 반드시 가는 것이 당연한 이치이다. 나의 이 몸뚱이도 반드시 돌아가야 할 곳이 있느니라."

그러자 대중들이 물었다.

"스님께서 지금 가시면 언제 오십니까?"

육조 스님이 말했다.

"낙엽귀근葉落歸根이니, 나뭇잎이 떨어지면 뿌리로 돌아간다. 내가 오더라도 아무 말이 없을 것이다."〉

(2022.10.10.)

당신 뱃속 좀 봅시다

세상에, 볼 데가 없어서 뱃속을 보잔다.
시야를 흐린다고 가스제거제를 먹이고,
목구멍 민감성 완화, 마취제를 주입한다.

내 뱃속이야 요란하기 짝이 없을 게 뻔하다.
먹을 것 못 먹을 것 다 처넣는 창고였으니.
'네 뱃속 보면 네가 어찌 살았는지 나는 안다.'

앗, 이건 뱀이다. 기름 바른 꽃뱀이다.
식도를 밝히고 내려간 검은 뱀이 보여주는
식도와 위와 십이지장까지 주름 많은 동굴....

석회 동굴에 기름이 끼어 부드러워지자
'뱃속에 육조를 배포'*한 듯 호기도 부렸다.
그러나 천형의 허기증은 자꾸 몸을 불려갔다.

똥침 안 맞는 건 그나마 다행이지만
나의 욕망과 포부와 희망이 다 뒤엉킨 뱃속,
뱀이 눈 밝히고 주름 많은 동굴 뒤지는 지금

밖에선, 개기일식이 진행되는지도 모른다.

(2022. 3. 22.)

이런 일도 겪으며 산다. 왈 위내시경, 문명의 이기란다.

남들 수면 마취하고 이걸 한다는데, 마취 소리만 들어도 저승 가는 줄 알고 질겁을 하는 나는 간편식을 고집한다. 남들이 보는 내 뱃속이 나는 자못 궁금한 것이다. 생각해보니 아찔하다. 몸이 말썽을 부리면 내 몸의 구멍이란 구멍은 모두 그놈의 걸로 쑤시고 들어가 보자고 할 판이다. 거기까지는 남들이라고 다를 게 없을 터이다. 그런데 그녀는 고약한 교양이라는 걸 주입해서, 뱃속이 심히 어질러졌다. 별표*를 한 구절은 채만식의 소설, 〈민족의 죄인〉에서 따온 것이다.

《아저씨가 조카에게》 "동무들이 동맹 휴학이란 비상수단까지 써 가면서 옳은 것을 주장하는 데에 넌 그것이 번연히 옳은 줄 알면서두 빠져? 옳은 일을 위해 나서 싸우는 대신에 편안하구 무사하자구 옳지 못한 길루 가는 놈은 공부 아니라 뱃속에 육조를 배포했어두 아무짝에도 못쓰는 법이야. 당장 가. 가서 해. 퇴학 맞아두 좋다." 하고 호되게 꾸짖습니다.〉

어디 시가 점잖기만 해야 한다고, 어느 법전에 써 있당가요.

빗소리

거어 말이지, 맨발로 걷는 길이
저시기, 땡볕 아래 신작로로만 끝이 없다더냐
뭐시더냐, 삼베 홑이불 아래 오남매는 아직 모자라
늦둥이, 사랑짙은 늦둥이 하나는 더 있어도 안 되겠냐고,
그런 얘기가 있었니라고…. 윗말 종숙이네 아재….

어허 참, '사랑의 이유' 그게 당신 몫인 줄 착각하지 말라고
바랭이는 뿌리가 억세고, 뜬금없이 밭에 피가 자라
풀다발 붙들고 땅에다가 머리 박을 무렵,
비가, 단비가 내린다. 땀보다 진한 비가 내린다.

'피보다 진한 사랑' 마누라가 일찍이 알았던지
복다름에 남자들한데 좋단다고 마련해 둔
복분자 술 두어 잔 걸치고, 반쯤 마른 민어로
입을 달랜 후, 삼베 홑이불 배 가리고 누웠겄다.

'사랑의 이유'는 어리석은 질문이라서.
수많은 문자들이 장대처럼 쏟아져 내리다가
안개비 소리없는 비말로 흩날리다가, 또 거시기하다가
장미가 아름다운 이유, 백합이 향기로운 이유, 그거 모름서

'사랑의 이유' 오도송 같은 문자 허공에 던지라고

장대도, 불화살도, 비말도, 어둠에 묻혀 자취가 없고
소리로만 오직 소리로만, 형상과 이야기 지우면서
소리로만 존재하는, 안팎 없는 빗소리 자욱해서
악머구리 들끓는 이승의 어느 가난한 집 울타리
낡은 삽작문, 빗소리에, 빙긋하니 열리기라도 할 듯 할 듯.

(2022. 7. 24.)

그는 이름이 많다. 오자서伍子胥란 필명을 쓰다가 이름을 바꾸기로 했다. 노상술, 魯桑述(노나라, 뽕나무, 글을 풀어짓다.) 조선이 곧 노나라 하는 설이 있다. 조선에는 닥나무가 좋아 뽕나무도 닥나무 노릇 한다. 조선 종이가 사마르칸트 거쳐 유럽으로 전파되었다.

그는 뭔가 노상 써댄다. 그게 述而不作인지, 作而不述인지 판연하게 갈라질 까닭이 없다. 뽕나무 오디 주무른 놈 모양 입술이 꺼멓다. 해서 이름이 노상술魯桑述이다. 노상 술이나 퍼먹는 그에게는 두보처럼 전당잡힐 옷가지도 없다. 그러고도 칠십을 넘겨 그 중반에 이르렀다.

노상술은 가끔 시라는 걸 쓴다. 명함에는 '소설가'라고 박아가지고 다닌다. 시는 느낌이고 소설은 이야기라고, 노상술은 말하곤 한다.

이야기 속에 느낌이 어찌 없으랴. 시가 허공중에 흩어지는 꽃향기라면 소설 혹은 이야기는 꽃나무다. 뿌리, 줄기, 잎.... 그리고 그 상부에 꽃이다. 소설가는 그 꽃나무의 연원과 미래를 한꺼번에 거머잡으려 한다. 대식가는 좋은데 과식이 문제다. 노상술의 시가 기럭지가 긴 이유가 여기 있다.

사실, 시라는 게 영 감질난다. 깔끔해서 그렇다. 율곡의 한시 '산중'을 페친이 서예작품과 함께 올렸다. 採藥忽迷路/ 千峰秋葉裏/ 山僧汲水歸/ 林末茶烟起 성미에 가시가 돋은 노상술이 이런 답글을 달았다. 무슨 약을 캐러 갔답니까? 우리나라 백두대간 다 뒤져도 봉우리 천개 되던가요? (강원도 금강산 일만이천봉 팔만 구암자...) 산승의 절에는 우물도 없답니까? 숲 가장자리 피어나는 연기가 차 달이는 연기인 줄 어찌 안답니까? 그림 뒤쪽을 보자는 호기심, 그게 리얼리즘 아니면 어떠랴. 노상술이 궁금해하다가 졸았다.

고단한 몸을 눕히고 한잠 자다 깨어났다. 밖에서 빗소리가 들린다. 2500년 저쪽, 희랍, 수염 더부룩한 사내 어지럽히던 화두, 형상과 질료, 그거 뒤섞으며 내리는 빗소리가 사위에 자욱했다.

빗소리에 몸을 한바탕 씻어내니, 멀리 개구리 소리 무성하고, 가까이서는 맹꽁이가 타령을 읊는다. 사랑의 이유, "열무김치 담글 때는 임 생각이 절로 나고", 거기 사랑의 이유가 있다고, 맹꽁이가 철학을 한다.

(2022.7.24.)

달밤

달빛에도 그을을 것 같은....
(영혼이란 속된 말은 줄이기로 한다.)

꼬리 잘린 고양이가
잔디밭을 가로질러 간다, 어제 그놈이다.

자하문
낡은 기둥 바람이 들었나, 삐걱거린다.

과거를 후회하지 말라
미래를 경고하지 말라

하늘에 등불 하나 걸어두고
심지를 돋우며 이야기 덜어내면

들리나니, 그가 울고 있는 모양이다.
나를 받아 주소서, 크게 용납하소서....

해는 세상을 비춘다. 달은 마음을 밝힌다. 달빛은 바다에도 내리

고 강물에도 뛰논다. 해인은 천강에 내린 월인月印이 가슴으로 흘러들어 모인 것.

집에 들어오는 길 잔디밭을 손질하고, 고양이 지나간 그림자가 찍혀 있다. 어긋나서 자연스런 문장구조도 있는 법이다. 본래 정연한 문장구조는 허구인지도 모른다.

갑자기 불국사 '자하문'이 떠오른 까닭을 애써서 헤아려야 할까. 자하문이 달빛에 삭아들 것만 같은걸.

머리 위까지 달려온 달, 그림자가 없어 물상이 낮보다 뚜렷하다. 늙수그레한 사내 하나, 제 운명을 끌어안고 기도를 하고 있다. 제 생애 이야기를 덜어내고 있는 모양이다. 기도가 늘 간절하기만 할 것인가. 해도, 해도 달빛처럼만 나를 받아 달라는 그 말 말고 무슨 말이 또 있을 것인가. 만월인 까닭에 그러하다.

(2023.7.7.)

새벽

다시, 달빛에도 그을을 것 같은....헛간 지붕에 밤알 떨어지져
떠엉.... 누가 거문고 줄을 끊은 모양이다.

어디선가 저어기 어디선가, 멀리 기억 속에
으앙.... 산모가 철가위로 탯줄 끊는 소리...

시인 하나 이승을 떠났다.
시인이 죽으면 하늘로 올라가 별이 된단다.
시인아, 그대는 이미 이승에서 빛나는 별이다.

정수리에 쩡하고 금이 가는 소리
豹菴 표암.... 자화상 그리던 붓을 놓고 창을 연다.
안개, 안개 속엔 흔들어볼 五嶽오악이 없다.

  자제를 한다고 하기는 하는데, 역시 욕망이라서 식욕이 다스려지지 않는다. 밤 주워다가 삶는 솥에다가 고구마도 두어 뿌리 얹었다. 엘에이갈비 구워 추석에 먹다 남은 고량주를 맛나게 마셨다.
  그렇게 호사를 한 날은 새벽이 편치를 않다. 욕망의 노폐물 -사실은 나를 살라고 밀어가는 공양물들- 찌꺼기를 처리하느라고 앉아 있는데,

헛간 지붕에 밤알 떨어지는 소리가 떠엉 하고 정수리를 때린다. 아마 살려고 버둥치다가 절망 끝에 목숨을 끊는 소리가 저럴지도 모른다.

밤나무 밑에서, 일년생 밤나무 어린 묘목을 보았다. 밤알이 땅에 떨어지는 것은 사람으로 친다면 출산 한가지다. 이전에는 할머니가 삼갈라놓느라고 쇠가위를 깨끗이 닦아 짚자리 옆에 놓아두었다. 밤 떨어지는 소리는 신생아가 질러대는 고고성이다.

폐친 김경은 씨가 이운룡 시인 별세 소식을 전한다. 시인이 죽으면 그 혼이 하늘에 올라가 별이 된다고 한다. 까짓거 나도 시인 한번 해봐…. 그런 오기를 일으키기도 하다가, 아니라고 고개를 젓는다. 시인은 이미 이승에서 붉은 꽃이고 빛나는 별이다.

豹菴(표암)은 문인화가 강세황姜世晃의 호다. 표범, 그 사나운 글자를 호에 당겨 쓰다니. 가히 단원 김홍도 선생노릇 할 만하다. 표암이 칠십에 그렸다는 자화상은 볼 때마다 나는 주눅들어 오금이 저린다. 자화상 관변款邊에 쓴 글에 이런 구절이 있다. 필요오악筆搖五嶽이나 인나득지人那得知리요. 화가로서 붓으로 오악을 흔들 듯이 그림을 그렸는데, 그 경지를 누가 알아주겠나. 그 뒤에 '다만 나 스스로 즐길 뿐'이라고 적어 놓았다.

새벽이 어떻게 다가오는지 궁금해서 창을 열었다. 새벽 미명 안개만 자욱하다. 안개 속에는 오악이 안 보인다.

(2022.9.30.)

붉은 꽃

설렁탕집에서
기름 빼고
보통으로 한 그릇이면 한나절이 너끈하다.

통닭집에서
뼈는 빼고
옛날 식 바비큐 하나면 친구와 추억이사 널부러진다.

물같은, 아니 바람같은 세월 갈비뼈 사이로 빠져나가
종심소욕...
흰소리도 해보건만
꽃은 붉어야 한다고
마땅히 원색으로 피어야지 제가 어쩔거냐고 주먹 부르쥐는 사이

고백하건대,
사실 말이지....
추분 지난 하늘에 푸른 물이, 어쩌면 짠 눈물이, 쪽빛으로 고인다.

대학 동기생들을 만나 점심을 먹었다. 그 가운데 만해대상(문학)을 받은 시인 유자효 형이 동석을 했다.

자리가 파하고 나왔는데, 하늘이 청청하게 개어 올라갔다. 구름 한 점 없다. 최인훈의 〈광장〉 주인공 이명준이 쓴 시에, "하늘이 맑기가 지랄이다." 그런 구절이 있노라고 슬그머니 말을 건넸다. 옆에 같이 걷던 친구들이 푸석하게 웃는다.

"시인 만났으니 물어봅시다. 장미가/는 왜 아름답습니까?"

"장미니까...., 아름다운 데 이유가 있습니까?"

내가 그런 대답 듣고 싶어서, 입 아프게 그런 거 물었을까보냐는 말이 목구멍에 걸렸다. 나이 핑계로 가는 데마다 함구령緘□令이 즐비하다. 오랜만에 나이타령을 혼자 해본다. '나이를 먹어도, 아니 먹을수록, 꽃은 붉은 꽃이 매력이 있다.' 그런 생각은 누군가의 핀잔이 되어 돌아올 거라서 입을 다문다. 함구령에 꽤 익숙해진 모양이다. 내가 입을 닫아도 송가인이 노래한다. "찔일레꽃 부웋게 피이는 남쪽나라 내 고향..." 붉은 찔레꽃? 그거 줄장미 같다. 괴테도 "뢰슈라인 롯'(붉은 들장미) 그렇게 썼다. 혼자 되뇌어 본다. 고등학교 때 독일어선생한테 얻어맞으면서 배운 노래다.

Sah ein Knab' ein Röslein stehn,/ Röslein auf der Heiden,/

(2023.6.22)

막걸리

그거 삼형제 썩은 물이니라....
성질 고약해서 낮에 그놈한테 취하면
에미 애비도 몰라본단다, 할머니 말씀.

콩밭 한 고랑 매고 막걸리 한 대접
그래서 농주라는 건데, 할아버지 성근 수염
목이 굳어 상모 안 돌아가면 한 사발로 풀고

막걸리, 이게 헐가라서 쌀 한 됫박에
막걸리 두 되 바꾸어 먹고 마누라 핀잔 한 동이
모질이한테 딱 어울리는 텁텁 뜨물 탁배기 아니더냐.

헌데, 막걸리에다 이야기 입히고
얼굴 반반한 총각이 목이 패어 노래하면
그게 말이시, 돈으로 좌르르 쏟아진다더라니께....

(2022. 9. 29.)

시가 무어냐고? 시는 사랑이라고.
사랑이 무어냐고? 사랑은 눈물의 씨앗이라고. (나아무)

다시 시가 뭐냐고? 말을 거는 짓이라고.

말을 걸어? 연애도 걸지 않던가.

연애가 뭔데? 목숨 걸고 앞가슴 헤치고 덤비는 그거……

목숨은 뭔데? 잘은 모르지만 애 만드는 거, 그거.

그럼 하나님 되는 거야? 눈치 한번 싸네. 아담과 이브 만든 분. 그래서 아버지라잖아.

흙으로, 자기 형상대로 빚어서 숨을 불어넣고 에덴동산에 내보냈으니……

빚어? 술을 빚는다고 하잖아, 말로 시를 빚는 거, 그게 창조행위라고 하던가.

냉장고 안에 가만히 들어 익어가는 막걸리를 꺼내들고 거기다가 자꾸 주살(弋)을 쏘아대다 보면 막걸리는 변신을 거듭한다. 그래서 시도 되고 소설도 된다.

복효근 시인이 보내준 막걸리 목구멍에 천신하고, 이런 시를 주절대니 막걸리는 창조의 신선주, 서양말로 넥타라고 하는갑다.

(2022.9.29.)

흰죽

쌀죽이라 하지 않고 꼭 흰죽이라 했다.

그릇 채우고 남은 정화수 찍어발라
낭자머리 가닥가닥 정히도 재워넘기고
어느 조상 때부터 내려온 접신술인지
손을 모아 비비면서 천지신명 부르다가

할머니 목소리 가볍게 떨리자
죽그릇에 첨벙첨벙 별이 내리기 시작한다.

"우리 사위, 죄없는 우리 사위 살려주이소."

신열로 뒤눕던 아버지 악귀에게 풀려날 무렵
흰죽 그릇에 별이 올챙이 모양 오글오글해서

죽사발은 꽃다발, 피어난 목화송이 꽃다발이 되었다.

(2023.5.)

아무리 시대가 말세라도 말이지. 인간과 하늘이 갈라져서야 쓰겠

는가. 인간 사는 지상에서 하늘로 건너가는, 건너가서 말씀을 전하는 안개 덮인 강물 같은 길은 있어야 하지 않겠나. 목숨줄 놓을 듯 놓을 듯, 땅밑으로 가라앉는 목숨 살려달라고 천지신명께 비손하는 할머니가 준비한 제물이라는 게, 그게 흰죽이었다.

흰죽, 지상과 하늘 건너는 다리 같은 존재다. 물질과 비물질의 어간에 흐물거리는 '영기' 같은 것. 삶과 죽음의 경계에 어리는 은혜 같은 것. 흰죽은 값이 없다. 무상의 값이기 때문이다.

나는 어려서 배앓이를 자주 했다. 수유기관이 아직 덜 발달한 어머니가 흰죽 먹여 키운 이력이 소화기관을 부실하게 했던 모양이다. 배앓이가 잦아갈 무렵부터는 흰죽이 입에 당기지 않았다.

무미의 흰죽으로 연명할 때면 생의 지평 저너머, 흰죽 새살에 돋아나는 그 지평을 보아야 하리라.

(2023.5.31.)

국수집에서

때가 되면 먹어야지
국수 말아먹고 나서
한판 노동 몸을 비벼대면
뼈마디 물기도 돌아가는 법이라서
한나절 거뜬히 지나가는 이 국수의 힘이라니

'불국사' 독경소리 푸른 숲에 스며들고
장마도 한낮 구름 자욱한 토함산 산자락

묘법妙法일런가, 풀리지 않는 인연으로 경주에 와서
연밭, 그 화려로 장엄한 월지 연화장蓮花莊 들판 제쳐놓고
절밑 동네 외딴 국수집에 와서
피리 소리 그친 메마른 입술 더듬다가

짜디짠 바다 냄새 밴 세월의 가닥이나 헤아리고 있는가….

경주, 신라의 서라벌은 국제도시였다. 이방 사람들이 서라벌에 와서 오락가락하며 민가에도 스며들었다. 그들은 남해를 거쳐 동해로 해서 서라벌에 들어섰다.

동해바다, 하얀 파도는 날을 세워 일어서고 있었다.

피리는 구멍이 막혀 헛김 새는 소리만 삭아들었다. 나라가 기울기 시작했다. 글 읽는 선비를 찾았으나 머리에 먹물든 선비는 역시 유약했다. 삼국통일 이후 백 년이 흘렀다. 당나라 군대에 묻어 들어온 페르시아 털부리 남정네들이 왕실에 출입이 잦고, 서라벌에서 허리가는 신라 여자를 얻어 자식을 두기도 하였다. 그 후손들이 어디 어떻게 스며들어 한국인이 되었을까. 그런 생각을 하는 사이.

출입문 휘장 제치고 들어서는 젊은 여자. 키가 육척이고, 얼굴은 두드럭 두드럭하고 눈이 부리부리해서 눈썹조차 새까맣다. 얼굴판은 어미를 닮았는데 체형은 사라센 처녀 분명하다. 신라 원성왕대, 8세기 후반 1200년 저쪽, 이 땅에 떨어진 페르시아인 씨가 아직 저렇게 씩씩한 모습일지도 모른다.

동해바다 파도는 토함산 산줄기 타넘어 서라벌 하늘에 구름으로 피어난다.

(2023.7.16.)

갈비탕

도가 높은 스님도 속이 허하면,
말이다, 범이다, 황소니라, 암소니라….
목탁도 헛치는 법이라서 바루 들고 사하촌 내려갔던가.

'불국사'라고 절 아랫동네 풍속이 다르랴
소 잡아 갈비탕
닭 잡아 삼계탕
개 짖지 않는 모양이
진작에 안주인 치마자락 밑으로 기어든 모양이다.

고향동네 구제역 비상이 걸려
암소고 황소고 눈 뜨고 생매장을 당하는 판에
절밑동네 와서 하필이면 갈비탕을 주문하는 입맛이라니

탈북한 두 가족
굶어서 죽느니 바다에 생매장할망정 도생이나 해볼 것이라고
  자유의 최소 조건, 먹고 죽은 놈 송장 때깔도 좋다는데
  맹자孟子는 오늘도 옳다, 무항산無恒産이면 무항심無恒心이니라

푸념을 한 줄로 줄이자,

"갈비탕 국물에 기름기가 없어 설사는 안 할 것 같다."

아침을 설치고 차를 탔다. 신경주역, 불국사 가는 직행을 놓쳐 버스를 갈아타는 바람에 점심시간이 촉박하다. 경상도에 와서 '전주식당' 간판 달고 영업하는 배짱 어디서 온 거냐고 농담을 하면서 메뉴판을 훑었다. 국물이 땡기는 바람에 '갈비탕'을 시켰다.

텔레비전에서는 탈북한 두 가족 이야기가 방영되는 중이었다. 북에서는 도시에 아사자가 속출한단다. 고향동네 구제역이 심각하다는 뉴스도 전해진다.

맹자 생각이 난다. 그게 교양인지 주책인지, 맹자가 조선에 살았다면 말했을 것이다. "솥단지에서 인심 난다." 탈북민들 이야기 가운데 낯선 한 구절. 남한에 오니까 음식이 기름져서 설사가 자주 난단다. "고기도 먹어본 놈이 먹는단다." 명절에 배탈난 손주 배 쓸어주면서 할머니 하시던 말씀이 그랬다.

(2023.5.20.)

껍질

"애야 울음 그쳐라, 저기 네 껍데기 온다."
할머니 말씀을 따르면 어머니는 내 껍데기다.

아내의 조심스런 요청으로 나는 '다듬이 맨'이 되었다.
마늘 까기, 파 다듬기, 부추, 머윗대, 양파 손질하기까지....
양파 껍질을 벗기다보면 껍질이 속살을 만든다는 걸 알겠다.

속살을 덮어 싸고 있는 껍질
그 껍질을 더듬고 있는 동안 내 인식체계는 태풍을 만나 휘돈다.
언어는 존재의 껍질인가, 존재가 언어의 껍데기인가

지구의 껍질은 참으로 아기자기해서
풀과 나무와 날파리와 풍뎅이와 모기와 개똥벌레까지
제가 껍질인지 껍질의 껍데긴지 해는 뜨고 달은 이운다.

울음 그치고 내 발로 서서 어정거리는 칠십년 동안,
벗겨내도 금방 각질화하는 시간의 껍데기사 꽃잎을 오무린다.

옛날, 뉘를 고르던 어머니 손길은 곱기도 했다. 널찍한 양은 쟁반 위에 쌀을 쏟아놓고 뉘와 돌을 골랐다. 그런 날 저녁은 할아버지 와 작 돌 씹는 소리가 안 났다. 할아버지 미간에 주름이 안 잡혔다. 주름은 얼굴 껍질이 접히는 것이다. 얼굴은 본래 껍데기다. 면목이 없다면 얼굴의 안쪽은 무엇인가.

어머니가 껍데기라면 나는 알맹이다. 애들이 생기면서 나는 다시 껍데기가 되었다. 애들이 다시 자식 두면서 그들 또한 껍데기가 되었다. 알맹이는 어디까지 가야 나타나는 것인가.

마누라 도와준다는 풍신이 겨우 뭘 다듬는 일이다. 이건 시간을 요하는 작업이다. 먹고사는 일이 시간을 잡아먹는 셈이다. 시간 잘라먹지 않고 먹을 방법이 달리 없다. 아무튼 뭘 다듬으면서 본질적인 생각을 하기도 한다. 언어와 존재의 문제.... 지구와 인간의 관계...

할머니 얘기 따라 울음 그친 지 75년이 되었다. 나는 여전히 껍데기다. 시간의 껍데기는 좀 특이하다. 내 알맹이가 역시 껍데기라는 걸 깨닫는 순간 시간의 껍데기는 꽃잎이 되어 오무라든다.

(2023. 8. 10)

대부도에서
- 피아니스트 H.J. LIM에게

열기로 달아오르던 시간의 계단
어름하여 자가웃쯤 내려디디는 날
저 깊은 인연의 뻘밭은 뉘도 없이 고독한 생성을 거듭한다.

억새 메마른 꿈을 날리는 저 아래 갯벌
방게들 바글바글 거품 날려 하늘에 구름 일고
언덕위 맨드라미 빛깔 청춘들 꽃같은 웃음 흐드러진다.

테라스에 육중한 몸 사리며 앉아 있던 피아노
젊은 음악가 의자 당겨 앉아 몸 어르기 시작하면
지각을 뚫고 올라오는 장쾌한 선율, 삼십삼천 꽃비가 내린다.

대부도에 거처를 두고 있는 피아니스트 H. J. LIM의 초청이 있었다. 하루 시간을 내는 일이 나에게는 가파른 계단 내려디디는 셈이 된다. 계산척이 낡은 셈법이다. 그래서 '자가웃'이다. 서해안 뻘밭은 생성과 소멸을 거듭한다. 살아서 죽음을 딛고 올라오다가, 스스로 뻘흙으로 돌아가고 그 흙탕물 받쳐낸 맑은 물골로는 작은 망둥이 새끼도 뛰놀 터이다.

모인 사람들이 간단히 풀어놓는 생애, 하나하나 맨드라미 빛깔이거나 가을을 기다려 진한 향기 풍기는 국화 송이를 닮았다. 젊은이들은 천진해서 가벼운 농담에도 깨들어진다. 나에게도 그런 날이 있었다는 기억을 환기한다. 내 혈관에 피가 따뜻하게 돌아간다.
　피아니스트 거처에 맞춤맞게 테라스에 그랜드 피아노를 앉혀 놓았다. 이 거처의 주인과 그를 존경하는 젊은이가 나란히 앉아 연주를 시작한다. 태초에 시간이 비롯하는 양 장쾌한 타건, 거기 이어지는 꽃가루 묻은 시간의 선율.... 장식탁자 위에 놓인 금빛 불두에 웃음이 떠오르고, 세상은 온통 금빛 꽃가루 날리는 즐거운 혼돈의 춤으로 일렁인다.

(2023. 10. 23.)

당숙어른

왕년에,
살판에서 줄을 타고 열두발 상모를 돌렸다고요?

아직도,
젊은 여자 만나면 삼남매 뽑아낼 자신 캉캉하다고요?

그래서,
주역의 괘사를 다시 쓰고 노자의 선한 물로 해인을 삼겠다고요?

듣고보니,
당숙어른 혼백이 용마루 넘어가는 소리, 요령소리, 향두가이 아니오?

청춘아,
입찬소리 그만 허고 자네 바지굇말 단속이나 잘 하라지 않나, 사람두...!

시는 응축된 언어라야 한다고 한다. 그 날 하루 일들을 정리해 보

면 위와 같다. 당숙과 이야기를 하는 중에 당질은 당숙을 닮아가고 있었다. 아니 당숙을 넘어서는 중이었다.

   노자 36장에, 부드럽고 약한 것이 굳세고 강한 것을 이긴다고 기막히게 압축해 놓았다. 유약승강강柔弱勝剛强이란다. 노자는 발상이 신선해서 가끔 (노상) 인용하고 싶어진다.

   노자 36장의 끄트머리는 國之利器不可以示人라고 되어 있다. "나라의 날카로운 도구로 사람들을 교화하려 하면 안 된다." '시示'는 교시敎示, 계시啓示, 고시告示등에서 보는 것처럼 강압적이다. '법과 원칙'이 그런 것이다. 나라의 이기가 이미 날카로움을 잃었다. 그렇다고 어린이처럼 부드러운 기운을 얻은 것은 아니다. 그래서 심란하다. 물고기가 물을 떠나면 금방 '불고기'가 된다. 불고기는 새끼를 치지 못한다.

   문학에서 이기利器는 비평에 해당한다. 작품에 대한, 작가에 대한 비평적 언어는 날카로워 때로 사람을 상하게 한다. 비평이 문학에 대한 애정에서 출발한다고 해도 충언역어이 이어행, 충고는 귀에 거슬려도 행위를 바로하는 데 도움이 된다... 그런 뜻. 귀에 거슬리는 이야기는 생래적으로 거부감을 촉발한다. 공감의 비평이 어려운 까닭이 여기 있다. 하물며 당숙어른을 설득하려 하다니, 자네가 당랑거철螳螂拒轍을 모르는 게 적실하이. 그게 〈회남자〉에 나온다네. 백룽도 〈당랑의 전설〉이란 희곡을 썼으니.

당질이 뱉어낸 말들은 전주箋注가 필요할 듯하다. '살판'은 외줄타기 판이다. 상모 가운데 종이끈이 가장 긴 것을 열두발 상모라고 한다. 주역의 괘사卦辭 가운데 '天行健 君子以自彊不息(천행건 군자이자강불식)'이란 구절이 나온다. 하늘의 움직임은 건전하다 군자는 이를 본받아 스스로 자신을 다스림에 쉼이 없어야 한다.

노자老子 8장 상선약수上善若水, 수선리만물이부쟁水善利萬物而不爭 그런 구절이 나온다. 海印(해인), 바다가 만물을 비추어 밝힘과 같이 법이 보조편만普照遍滿한 것을 이른다. 혼백魂魄, 사람이 죽으면 혼은 하늘로 오르고 백은 땅으로 스민다고 한다. 김소월의 절창 '초혼招魂'을 상기하시라. 향두가는 상두가喪頭歌와 통용된다.

이 쉬운 시를 이렇게 어렵게 읽는 까닭을, 당질은 자기도 모르는 듯하다. 날개 없는 놈도 추락한다. 돌덩이 성이 하늘에 떠있는 것은 르네 마그리트에게나 가당한 일이다. 아니 우주공간에는 수많은 돌덩이가 떠서 돌아다닌다. 그러나 대개 궤도軌道가 안정되어 있다. 어떤 돌덩이는 남의 궤도로 떨어져 들어오기도 한다.

상처입지 않기로 작정한 작가는 이미 작가가 아니다. 상처를 수용하는 자세는 심미적 윤리다. 심미적 윤리는 남이 상처를 내주지 않더라도 스스로 상처를 만들고 치유하기를 거듭한다.

(2023.1.12.)

창가에서 (1)

어제는 추억을 헐어내듯 종일 눈이 왔다.
오늘 하루 눈물 닦은 그대 볼처럼 하늘이 차다.

차를 몰고 시골에 와서 쌀랑한 실내에 들었다.
바닥에 깔아두었던 이부자리 바닥은 냉돌이다.
보일러 가동하자 모터가 동파의 추억을 불러낸다.

서쪽 언덕 어깨 곁던 해가 소나무 가지에 걸리었다.
이야기 불러내어 손 비비며 어루던 창밖을 내다본다.
동화마저 잦아든 골짜기 설원....사랑이사 아득하다.

해가, 얼어붙은 해가 언덕 아래 가라앉기 직전이다.
가난한 내 인연 등 돌리고 눈밭에 엷은 노을로 진다.

―――――――――――

　눈이 내리면 상식적 인간들은 그늘에 숨어든다. 아이들이 강아지와 마당으로 나와서 뛰어다닌다. 아 그런데, 그건 이미 내 영토가 아니다. 나는 내면으로 가라앉아 날짜를 셈한다. 여행을 꿈꾸기는 날이 너무 차다.
　노면은 눈이 녹았다 해서 차를 몰고 나선다. 길을 가는 내내 생활이 걱정이다. 생활이란 다른 게 없다. 물과 불과 얼어죽었는지도 모르는 난 한 분과.... 소치가 겪을 한양 추위와.... 그의 바지저고리 빨래와.... 서울여자의 연적 같은 젖가슴과 방콩만한 유두와....

소치 허련이 서울에 와서 추사 김정희와 그를 둘러싼 문인 대감들 만나고, 드디어 임금의 부름을 받아 임금 곁에서 그림을 그렸다. 그림값이 오르고 재산이 한몫 잡혔다. 생활은 궁해서 홀애비 냄새 면치 못했다. 여인이 아쉬워 중혼을 했다. 소치 그림에 배어 있는 생활, 그건 윤두서가 그린 풍속화와 맥이 닿아 있는 듯하다.

물과 불이 살아 있다. 후유 가슴이 가라앉는다. 창을 열고 밖을 바라본다. 우리집에서 저쪽 언덕배기 마을까지 설원이 펼쳐져 있다. 나와 당신의 가난한 사람만큼 아득한 설원이 바다처럼 펼쳐져 있다. 사람은 사랑의 오타다. 해는 벌써 언덕에 걸려 있다. 서쪽 하늘에 연무가 끼기 시작하고, 해는 언덕 아래로 기울어간다.

(2022. 12. 16.)

창가에서 (2)
- 창가는 볕이 좋아야 한다

볕바른 창가에
친구와 마주 앉아 차를 든다.

친구는, 달래 냉이 꽃다지
추억을 불러와 고향을 생각하게 한다.

내 고향은 어설픈 서사
그 고왔던 얼굴들 아득하기만 하이.

이 골목 날이 저물어 어둠이 내리고
가로등 밝게 빛나 황홀한 시간 올지니

내가 내다볼 창이 있다는 건
아직 마무리할 이야기 푸릇푸릇하다는 뜻이거니.

　이런 글에는 于空散人(우공산인)이라고 별호를 써넣고 싶어진다. 산인은 산목散木에 사람을 빗대어 쓰는 말. 옛 늙은이들 자호 뒤에 붙이던 상투어다. 주변머리 없고 쓸모가 분명하지 못한 존재라는 뜻이다. '장자莊子'에 나오는 말이다. 줄기는 구부러지고 잎만 무성해서

목재로 쓸 데가 별로 없는 나무, 사람이 그렇다는 겸사의 지칭이다. 거위 가운데 우는 놈과 울지 못하는 놈이 있다. 주인은 울지 않는 놈을 먼저 잡는다. 제몫을 못하는 거위, 말하자면 그건 산금散禽이라고나 할 그런 가금류다.

친구 Q가 전화를 해왔다. 우리가 자주 만나도, 앞으로 몇 차례나 만날 수 있겠느냐고 근엄한 말을 낸다. 친구가 작정한 식당은 초만원이다. 밖에 기다리란다. 어디 한 군데 비집고 들어가 앉을 데가 없느냐니, 그러면 다음에 오란다. 평생 선생으로 지낸 버릇이, 기다리는 게 익숙하지 않다. 학생이 나를 기다리는 세월 50년이 만든 버릇이다. 그 식당 손님 둘을 옳게 놓쳤다.

사람 사는 게 이야기 만들기다. 지난 일들은 추억이란 서사로 남는다. 살아갈 날이 짧은 이들은 꿈으로 엮는 서사가 점차 줄어든다. 해서 볕바른 창가가 더욱 아쉬워진다. 볕 좋은 창가에 앉아도 남은 날들이나 꼽아가며 맛도 모른 채 차를 마신다. 그래서 나는 점점 산인에 가까워지는 것이다. 散人 대신에 山人이라 쓰는 이도 있다. 훤소 가득한 저자거리에서 멀어지면 결국 산으로 들어간다는 뜻일까. 모르겠다. 갈매빛 산등성이처럼 정정하다는 뜻이 왜 없겠는가.

수명을 연장하고 싶은 생각은 없으나, 죽는 날까지 풋풋한 이야기를 지니고 싶은 건 감추지 못할 욕망이다.

(2022. 11. 14.)

부고訃告

친구가 죽었다고 訃告가 왔다.

訃告가 온 날 지인의 贈呈本도 도착했다.
책 뒤에 붙은 발문이 訃告文을 닮았다.

할아버지는,
부고를 전해준 먼촌 일가 뒤꼭지
썰렁하니 바람을 타는 두루마기 목덜미
두루마기 자락 저승인 듯 고샅길 돌아가자
누런 봉투 대문짝 뒤에 꽂아 놓고서는
얼마 남지 않은 이승의 연기 안타깝다는 듯
은사 입힌 대꼭지에 담배 비벼 넣으면서
기침을 하는 통에, 까마귀가 놀라 날아갔다.

수염을 기른 손자는,
증정본 들고 지상으로 낮게 하강해서
등나무 곁 시소에 올리고 소금을 뿌렸다.
늙은이 머리털 같은 진눈깨비가 심란한 날이었다.
술도 두꺼운 책, 활자마다 삼이* 서서 책장을 떠났다.

친구가 죽었다고 부고가 왔다. 그는 올곧은 선비였다. 한문학을 공부했다. 자신에게 엄격하고 남에게는 여유로웠다. 자기 깨달음을 이웃에 널리 폈다. 허나 죽음의 그림자가 키를 넘었다.

매천 황현(1855-1910.8...)은 나라가 망했다고 아편을 먹고 자결했다. 절명시 4수를 남겼다. 그 가운데 세 번째 수가 널리 알려져 있다. "새짐승 슬피 울고 산과 바다도 찡기는 듯/ 무궁화 삼천리가 다 영락하다니/ 가을밤 등불 아래 곰곰 생각하니/ 이승에서 식자인 구실하기 정히 어렵네(鳥獸哀鳴海岳嚬 槿花世界已沈淪 秋燈掩卷懷千古 難作人間識字人)." (한국민족문화대백과사전에서 옮김) 식자인, 지식인의 시대적 사명을 생각했다. 문학인은 지식인 가운데 하나다.

문학으로 평생을 살았다. 지금도 문학을 놓치 못하고 글을 쓰고, 글을 읽는다. 그래서 문학에 대한 애정을 버리지 못하고, 문학이 끝장날까 걱정하느라고 머리가 헤성글어졌다.

문학이 망하는 건 문학 안에서부터 조짐이 나타나기 시작한다. 문학에 대한 편견의 보편화, 성향이 같은 문인끼리 패거리짓기, 헐값의 문학으로 장사하기, 문학에 대한 평가의 부실함 그런 것들이 문학 종언의 징후다. 물론 수준 낮은 작품의 횡행은 문학을 망치는 첩경이다. 그거 문학주의 아니냐고, 손가락질하며 질타해도 감당해야 한다.

친구의 죽음을 알리는 부고를 받은 날, 지인의 증정본이 배달되어 왔다. 거기 붙은 '발문'은 부실하기 짝이 없는 글이었다. 이것도 문학의 종말을 알리는 조짐 아닌가, 걱정이 되었다.

장례식에 다녀왔을 때, 할머니는 나를 돌려세우고 머리 위로 소금을 뿌렸다. 귀신이 소금에 절면 더 악착스럽게 달라붙지 않을까 머리털이 곤두섰다. 문학, 그거 생각하면 모골毛骨이 송연悚然해지기도 한다. 문학은 언어적 존재인 나의 존재근거였다.

그러나 믿는 바는 있다. 두엄터미 곁에서 왕성하게 자라나는 나무들이 있다는 걸 안다. 문제는 내가 얼마나 가치있는 문학을 해내는가 하는 데 있다. 내가 내 비판의 대안이 되지 않는다면, 비판은 무책임한 일이다.

* 삼이 서다 : 눈에 실핏줄이 터져 심하게 충혈된 것을 말한다.

(2023.1.9.)

훈장

너의 그 옷 속에 숨은 알몸이 궁금했지.
드디어, 공중목욕탕, 일만원에, 겨우...
무려 이십 구軀의 알몸이 눈앞에 도열했겄다.
일시에 증발하는 궁금증....환장하게시리....
김빠진 내 몸뚱와 닮은 軀軀軀, 균일가로 다가오는....

탄력 잃은 대퇴부 사이,
軀마다 내력이 아슴한 훈장들을 달고 있어
자세히 보니 '해방표' 훈장 같기도 하고
'제헌표' 훈장을 닮은 것 같기도 한데... 4.19는 총성이라!
이놈의 훈장은 가히 창발創發emergence이라서
한 때는 광화문 앞에서, 또 시간이 흘러 월남에서, 중동에서,
벌떡거리던 그 훈장이,
왠지 까닭도 없이, 이북의 고등군관들을 생각하게 하네.

당신의 훈장에 새겨진 문자들은 상형문자 적실허니
이집트에서 파리 콩코르드광장 단두대 옆으로 옮겨온 오벨리스크
하늘을 찌르는 그 첨탑 꼭대기 태양의 웅얼거림

당신의 훈장은 여전히 신화로 남아
나의 책갈피 속에서 요령소리 내며 떨렁거리고….
훈장의 내일은 없다…. 이제 가면 언제 오나, 상두가와 함께.

(2022.12.2.)

나를 꼭 닮은 남들의 알몸을 보는 것은 비애감으로 다가온다. 아니, 비애 이전에 희극적이다. 신경림 말마따나 '못난 놈들은 서로 얼굴만 봐도 흥겹다'는데, 그 낡아서 덜렁거리는 훈장이 어찌 웃음을 자아내지 않겠는가. 머지 않아 '파장罷場'하고 돌아갈 화상들.

수도관이 얼어 물이 안 나왔다. 화장실도 쓸 겸 동네 대중목욕탕을 찾아갔다. 나의 낫세나 된 늙은이들로 탕 안은 제법 붐빈다.

히야, 모두들, 샤타구니에 훈장을 달고 있다. 옆옆에 서서 샤워를 하기도 하고, 마주보고 온탕에서 몸을 녹이기도 한다. 발바닥 각질을 긁어내는 이도 있다. 안질개 앞으로 훈장이 늘어졌다. 이 가지각색이면서 또 똑같은 훈장들을 쳐다보면서, 내 머릿속 알면 주인이 '시인 출입금지' 간판을 달 것 같다. 훈장이 그렇듯이 내 생각 또한 뻗치는 방향을 도무지 종잡을 수가 없다.

지금은 제 구실 못하는 저들. "나도 한때는 힘깨나 썼지," 그런 애기는 어쩌다 모인 친구들 앞에서나 늘어놓는 과거의 훈장.

 잘났건 못났건 이 시대 일궈세운 저 알몸들, 가히 훈장감 아니겠나. 숨어 빛나는 훈장들이여. 저 훈장들을 밝은 빛 아래 드러내는 일이 소설가의 과업 아닌가. 근엄한 훈장, 웃기는 훈장, 스스로 외롭게 우는 훈장 그리고 침통한 훈장…. 그 훈장들을 지하실 창고에서 끌어내야 한다.

 생애의 끝자락은 양가감정에 휘둘리기 마련이다. 그래도 잘 살았다는 자부심과, 아무것도 이룬 게 없다는 허무감이 교차한다. 사람들은 '오온개공' 그 불경의 갈피를 기웃거리기도 한다. 그러나 끝자락은 매한가지. 거기에 유머가 필요한 이유가 있는 듯하다.

 '훈장' 그런 제목으로 소설 하나 써야겠다.

(2022. 12. 8.)

인사동에서
- 어떤 행복론

나를 '그'라고 부르고 싶은 때가 있다.
허구를 현실로 이끌어대다 보면 이야기는 엇갈리고,
내가 나 같지를 않아 창밖에 대나무가 담장에 갇혔다.

낮술이 혼자 거나해져 ....
아들 취직해서 한턱 내겠다는 친구 따라
남편은 가고 목여사가 냈다는 찻집 歸天에 들른다.

아직도 시인은 비뚤어진 입으로 '행복'을 읊고
나는 수련 가운데 물오리 희롱하는 연못가*
허깨비 하나 만나 왼다리싸움에 모과 옹두리 벌레가 먹는다.

천시인의 시 핵심어는 누룩냄새가 아직 살아 있어
생활과 학력과 명예와 이쁜 아내, 무자식 상팔자라지
내 집, 아내가 사다 주는 막걸리..., 결론은 행복이다.

투박한 시화에는 한 구절이 말없음표다.
하나님이, 우주에서 가장 강력한 분이
자기 빽이라서 불행은 안 닥친다는 신념....

그놈의 '쪽팔리는' 대화주의 집어치울 생각이 속에서 올라와, 나라 걱정 접어서 옷자락 안에 구겨넣고 산밤이나 주우러 갈꺼나.

까짓거, 눈 질끈 감고, 나도 달달한 시를 써서 행복해질까보다.

———————————

인사동에 몇몇 문우들이 모였다. Q작가가 중편을 내놓았다. 동료들이 그걸 읽고 자기 나름대로 읽은 평을 했다. 각자 자기 관점들이 뚜렷해서 작품에 대한 평이 각색이다. 작가가 나름대로 소화해서 수용할 것인지만, 목소리가 엇갈린다.

문우 한 분이 다른 문우의 도움으로 아들 취직했다고 한다. 축하한다고 건배를 하고 박수를 쳐주었다. 아들 취직 턱으로 차를 내겠다고 해서, 〈歸天〉에 들렀다. 얼굴이 말상으로 기다란 다모(茶母)에게, 막걸리도 있는가 헛된 질문도 던져본다. '술'은 없단다.

영화의 충격적인 장면들을 이야기하는 동안, 소설의 실감을 위해서 소재가 진부하면 '못쓴다'는 이야기도 끼어든다. 나는 (그는, 예컨대 원성구는) 건너편 벽에 걸린 천상병의 시를 목에 가시 걸린 소리로 읽어본다. 제목이 幸福이다.

나는 세계에서 제일 행복한 사나이다./ 아내가 찻집을 경영해서 생활의 걱정이 없고/ 대학을 다녔으니 배움의 부족도 없고/ 시인이니 명예욕도 충분하고/ 이쁜 아내니 여자 생각도 없고/ 아이가 없으니 뒤를 걱정할 필요도 없고/ 집도 있으니 얼마나 편안한가./ 막걸리를 좋아하는데 아내가 다 사주니/ 무슨 불평이 있겠는가./ 더구나 하나님을 굳게 믿으니/ 이 우주에서 가장 강력한 분이/ 나의 빽이시니 무슨 불행이 온단 말인가!

"지상림 형도, 저렇게, 쉽게, 자연스럽게, 위로 되는 시 좀 써보세요." 고개를 끄덕이다가 가로 젓다가 하는 중에, 시가 시답다는게 뭔가를 생각한다. 오늘은 어제와 내일 사이 걸쳐놓은 '문지방'이다.

본문 가운데 *표를 한 구절은 폴 베를렌느의 'Promenade sentimentale, 감상적 산보'라는 시의 한 구절이다.

(2022. 9. 24.)

그래, 우리가 가는 길은

은빛 새치 두어오리 돋아나는
감실감실한 살쩍 사이
저녁 시간은 비린내로 얹힌다.

모시적삼 등허리 땀이 차서
예까지 달려온 가쁜 걸음 걸음
당혜 끼인 발가락 까치눈이 돋아….

코티분 곽 은장식엔 검은 녹이 슬어
분냄새 기억으로만 아득히 흘러가
눈자위에 단청처럼 물기가 걷힌다.

(2022. 9. 13)

---

* 이런 시 보신 적 있어요? 자명이라 자호하는 시인의 작품인데요, 시 속에 시간 흐르는 소리, 타고 번지는 꽃그늘/ 아래, 아파오는/ 눈 가장자리/ 물이 번진다.

때로는 시는 시를 낳기도 하고, 시가 소설을 낳기도 한다. 시는 가끔 피아니스트를 미치게 하기도 하고, 화가가 벌거벗고 소주를 벌컥벌컥 마시게 하기도 하잖아요.

시인이라고, 아내와 마주 앉아 새치 늘어가는 귀밑머리 안타까워 하지 말란 법이 있다던가. 젊은 시절 숨차게 달리다보면 모시 적삼 등판에 땀이 배기도 하고, 신발이 좁아 발가락에 까치눈이 돋기도 하지 않던가.

아내의 분곽 그 장식이 산화되어 부식되기도 하는 터라서, 분단장 곱게 하던 아내의 눈자위에 윤기가 걷혀 메마른 단청처럼 삭아가는 모습을 보고, 시인이라고 눈감고 아내에게 바치는 노래나 불러야 하는가.

시라는 언어의 스펙트럼, 검은 흙 속의 지렁이에서 계곡 가로지르는 무지개까지, 그 폭은 제한할 수 없는 진폭이다. 진원을 알 수 없는 아득한 메아리다.

내외

얼굴 맷돌짝 닮은 아내와
얼굴이란 게 바가지 반쪽만 한 노인이 있어,
나란히 앉고, 그 앞에 옆에
아들 손자 며느리 떡 벌어져
푸짐한 식탁, 고회高會*를 펼쳤다.

"얘야, 네가 풍신이 한주먹인게 말이시,
마누라는 한 아름은 되어야 쓰지 않겠냐."

마누라 치마 끝에 반달처럼 달려서
거시기 두 쪽 달랑거리며, 오십년 사는 동안
논밭이며 재산이 불고
딸아들 자손은 번성해서
손자까지 스물 넘는 가솔….

누에 뽕잎 먹듯 파도소리 쏴아쏴아
먹어대던 아이들
그게 마누라 뱃속 보물인 걸
이제 와서 알겠거니

내외는, 채석강 '닭의봉' 꼭대기
별이 되어 반짝이는 등대로 섰다.

이건 마누라 앞에 두고, 마누라 어깨너머로 바라본 풍경이다. 해서 마누라한테는 비밀이다.

변산반도 어느 횟집, 어촌계에서 공영으로 운영하는 상가 한 모서리 자리를 잡고, 광어, 도다리, 도미, 우럭 다 입맛이 땅기는지라, 에라 모듬으로 대짜 하나 시키고 앉아서, 건너편 그들먹한 식탁을, 식솔들 둘러앉은 모양을 보니, 히야, 내외가 너무도 대조적으로 생겼다.

내외는 각판이라야 잘 산다고, 할머니 말씀 떠올리며 건너다보는 심정 뭔가 알 듯도 해서 맥주 한 병 들고 가서 보기 좋습니다, 인사를 여쭙고 싶은데, 때를 맞추어 아내가 잔을 들어, 아 보트르 상떼! 건강해야다고 하는 바람에 아내와 눈을 맞추고..... 건너다보니 이 가솔들 얼굴 맷돌 닮은 저 할매 기름진 뱃속에 조롱조롱 알이 슬어 있던 보물이 와르르 쏟아져나온 것 아닌가.

변산반도 채석강 산봉 위에 '닭의봉 전망대'가 있느니. 거기 등대가 서 있다면 아마 저 늙은 내외, 명암이 교차하는 내외의 형상 아닐까 싶기도 해서.... 깜박 깜박.... 빛과 어둠이 교차하는 그 불빛 아닌가 몰라. 그게 부부의 연이라는 게 아닌가 진정 나는 몰라.

'고회*'는 추사가 쓴 대련 가운데 '大烹豆腐瓜薑菜/高會夫妻兒女孫(대팽두부과강채/고회부처아녀손)'에 나온다. "푸짐하게 차린 음식은 두부·오이·생강·나물, 성대한 연회(고회)는 부부·아들딸·손자" 그렇게 식구들이 모인 자리란다. 이 시구는 중국 명나라 오종잠吳宗潛의 '중추가연(中秋家宴)이라는 시구에서 두어 자를 바꾸어 쓴 것인데, 추사가 세상을 뜨기 몇 달 전에 (1856년) 쓴 예서 작품이다.

(2022. 10. 14)

가을 바다
- 매창의 노래

달빛 젖은 배꽃 안고 홀로 간 나그네여
차디찬 베개 더불어 새벽은 밝아와
물젖은 그대 볼처럼 차운 바람 낙루도 하오.

꽃잎과 함께
그대는, 휘파람 불며 돌아가고
등뒤로만 불어오던 바람
목덜미 어루던 단풍빛 기억의 파편들
메마른 낙엽만 바람을 탄다오.

가을 바다에서,
녹물든 닻을 깊이 내리다 보면
녹물 씻긴 그대 눈동자처럼 맑아져
금속성 달빛이 은물결 파도로 부서진다오.

바닷물이나 강물이나, 가을 물은 깊이 영글어 싸늘한 데 매력이 있다.

변산 격포 채석강엘 갔는데, 거기가 행정구역으로 부안이라 매창의 시편들이 새겨진 기념물이 서 있었다. 그 중에 많은 이들이 애정

시의 전범으로 쳐들곤 하는 작품도 볼 수 있었다.

"이화우(梨花雨) 흩날릴 제 울며 잡고 이별한 님/ 추풍 낙엽에 저도 날 생각는가/ 천리에 외로운 꿈만 오락가락 하노매"

천민출신 시인 유희경과 사대부 고관대작을 가려서 상대하던 매창의 문학적, 인간적 교류는 많은 문사들의 부러움을 샀다. 그러나 한번 이별한 임이 다시 찾아오는 법 없는 게 속세의 인심이다. 혼자 자기 다스림에 철저하면서 외로운 꿈을 꾸는 것 말고 다른 방법이 어디 있으랴.

가을 물, 닻을 내리고 걷어 올리고 하는 중에 흔들리는 심상, 그러나 사랑은 녹슨 시간을 씻어내 주기도 하는 터라서…., 찬물은 달빛과 더 어울리는지도 모를 일이다. 연가풍으로 길게 읊고 싶은데, 달빛이 차고 물이 서늘해서 …. 사랑 또한 그러해서….

(2022. 10.15)

한국어사전

가슴에 울결鬱結이 생긴 모양이다.
앞니 빠진 할머니 말로는 화병이다.
아랫볼 홀쭉한 할머니는
화병은 상감님도 못 고친다고 부엌 흙바닥을 치곤 했었지.
그 화병이 내 가슴에 깊이 들어 발길마다 어지럼증이 인다.

밤은 깊어, 죽음 같은 어둠에 시간의 운행이 멈췄는데
꿈도 아닌 생시에 이를 갈다가
펜촉에 붉은 잉크를 찍어
내가 한때 사랑하던 어휘들에 '가께표'를 친다.

양심, 정의, 윤리, 우정,... 그리고 사랑과 용서

  윤푸른 나의 꿈을 떠받쳐주던 그 어휘들
  몸이 늙고 중병이 들어 밤을 새워 환장하게 해대는 기침
  등에다가 비수를 꽂아, 저주의 창날 번득이며 다가오는 가면들....
  그게 설령 가면이라도, 피가 따뜻하고 붉은 거 보거든
  거기다가는 원융圓融의 태양을 그려보라고 다독이는 손길

  저주의 검은 망토 걸친 가면들, 일장기 흔드는 손목을 ....

우리가 일상 하는 말은 물론, 신문, 방송, 유튜브…. 그게 모두 '한국어사전'이다. 살아 있는 모국어사전이다. 한국어가 심한 몸살을 하고 있다. 음성학과 형태론과 의미론은 물론, 언어행위의 주체와 맥락을 이야기하는 데까지 '역외도언어학'이 나아갔으나, 그것은 가면의 언어학이다. 증오와 주술의 화용론이다.

'사악한 뱀의 혀'를 가진 상감을 모셔야 하고, '돼지 눈'을 가진 부처를 섬겨야 할 판이다. 애비들이 개가 되니까 딸들이 스스로 개딸을 선언하고, 진흙탕에서 개싸움을 벌이고 있다.

뱀은 사악하지 않다. 네가 개를 어찌 알아 개눈에 똥만 보인다는 억패기 소리를 해대는 것인가. 부처님 발을 핥아도 모자랄 작자들이 돼지 눈과 부처의 눈을 비겨 말하는 건 실로 꼴물견이다.

죄를 짓는 팔이야 혜가慧可 스님처럼 잘라버리면 그만이라고 해도, 검은 피로 젖은 모국어를 정화하기 위해서는 오랜 시간 혹독한 참회를 해야 한다. 내가 가지고 있는 한국어사전 다 빨아 널어 말리는 데는 20만년은 걸릴 테다. 그거 우리 선조들이 맑은 피를 찍어 기록한 모국어. 우리 후손에게 물려줄 언어유산이다. 언어는 정신이다.

언어는 인간 삶을 편집하는 인식장치이다. 인식 장치가 망가지면 그 내용 또한 온전할 까닭이 없다.

(2023.3.16.)

남영동 지나며

무리가 되었는지 눈에 핏발이 서서
하루 술을 건넜더니 속이 출출한 아침.

선글라스가 불온한 기사의 시내버스에 실려
아내 그림 회수하러 가는 길, 살풋 졸음에 빠진다.

숙대입구 지나 남영동,…
차내방송에 고개를 들자 울컥 속이 뒤눕는다.

내 속에 박종철 원혼이 들어가
오장을 휘젓고 다니는 모양이다.

전기고문 후 욕조에 머리 처박고 등을 조졌다지.
"턱 하니 억 하더라." 그 뭐같이 유명한 대사.

젊은이 하나 죽여놓은 그 사내,
방맹이 세워 욕조에 오줌 갈긴 모양인지
내 입에서 상기도 지린내가 물씬거린다.

남영동을 지나갈라치면 나도 모르게 진저리를 친다. 내가 욕조에 머리 처박고 숨이 막혀 죽는 환상이 떠오른다. 젊은이 박종철은 남영동에서 고문을 겪다가 죽었다.

"박종철 고문치사 사건(朴鍾哲 拷問致死 事件)은 1987년 1월 14일 남영동 대공분실에서 대한민국 경찰 수사관들이 서울대학교 언어학과 학생 박종철을 심문하던 중 물고문으로 요절에 이르게 한 사건이다. 이 사건을 계기로 성공회 서울주교좌대성당에서 집회가 시작되었고, 6월 항쟁의 직접적인 도화선이 되었다고 평가받는다."(인터넷 자료)

줄잡아 35년 동안, 남영동을 지나면서 박종철을 보았다. 아니 그의 원혼을 만났다.

인류문명의 역사란 주검 위에 쌓아올린 허무의 돌탑 무더기인지도 모른다. 서울 600년 역사를 이야기한다. 왕자의 난에서부터, 서학 수난의 과정에 달아난 서양 선교사의 목이며, 8만 신도들의 핏자국으로 얼룩진 도시다. 때로 그 원혼들 호곡하는 환청 때문에 편두통도 앓는다.

(2022. 12. 27.)

산은 산이로되....

신이 죽으면 어떤 시체를 남길까.
신은 시체를 남겨 인간을 위협하지 않는다.
인간이 만들어낸 저 산, 저 악취 험한 산...

인간 또한 신의 형상을 입었는지라
시산혈해屍山血海도 결국은 삭고 가라앉아
그 위에 풀이 무성하고 나무는 열매가 실하다.

인류 문명이라는 것이 주검 위에 쌓아올린
환영幻影의 성사城舍라는 걸 누가 모르랴만
오늘에 보는 저 악마의 산, 그 산밑 악마들

신을 욕되게 목을 조이는 건 인간들의 발명품
가소성可塑性이라는 나일론, 비닐, 그리고 플라스틱
나라와 대륙과 해양을 뒤덮어 솟아오르는 '마의 산'

나와 자식들이 마실 물에 악마의 검은 피가 섞여
파리떼 자욱한 저 산에 증오와 분노가 들끓어
내일이 아득한 쓰레기 산에 꽂을 깃발이 없어....

며칠 전이었다. 우리 내외 생일이라고, 애들이 해돋이 볼 수 있는 당진 바닷가에 호텔을 잡아 주었다. 호텔을 향해 가는 길에 매연이 빼곡해서 밤새 잠자리가 편치 않았다. 강산이 병들고 있다는 이 뜨끔한 이야기를 시형식에 담아 읊는다는 건, 아무리 생각해도 희떠운 짓이다.
　흙과 풀과 나무로 지은 집은 무너지면 삭아서 흙으로 돌아간다. 그런데 플라스틱(나일론, 비닐) 제품 쓰레기는 썩지를 않는다. 성급하게 정리한 적이 있었다.
　"신이 만든 것은 썩고 인간이 발명한 것은 썩을 줄을 모른다."
　태우면 공기중에 중금속이 섞여들어간다. 오물을 씻어내지 않고 버린 쓰레기가 쌓인 쓰레기산에서는 침출수가 흘러나온다. 침출수는 토양과 수질을 오염시킨다.
　문제는 처리할 수 없는 양의 쓰레기가 지속적으로 나온다는 점이다. 우리나라가 플라스틱 소비량 세계 최고라 한다. 바다에 가봐도 스치로폼 쓰레기가 해안에 가득하다. 그 쓰레기를 중국 동남아 쪽으로 '수출'했는데 중국에서는 수입을 중단했고, 필리핀을 비롯한 동남아서는 비닐 제품에 오물이 섞여 있다고 한국으로 돌려보냈다. 이렇게 나가면 내가 죽어서 쓰레기산에 묻혀야 할지도 모른다.
　방법이 없는 것은 아닐 터. '난지도'를 생각하게 된다. 침출수 흘러

나오면서 독가스 뿜는 쓰레기산을 정부에서 매입해서 모아 가지고, 거기를 제대로 된 푸른 산으로 만드는 방법....

  소비자가 나서야 한다. 쓰레기 가운데 비닐, 플라스틱 등 제품은 덜 써야한다. 장보러 나갈 때 장바구니 들고, 커피집에서 플라스틱 컵이나 빨대 사용을 자제해야 한다. 배달음식이나 배달 상품도 줄여야 한다. 그런걸 모르는 사람은 없다. 그리고 이따금 정갈하게 처리하기도 한다. 그런데 문제는 그 소비자가 쓰레기 줄이는 쪽으로 훈련되어 있지 않다는 점이다. 쓰레기 문제가 원자력 발전소 핵폐기물보다 심각하다. 죽기 전에 할 일이 무엇인가.... 내가 세울 이념의 푯대는 아직 어디에도 없다는 게 실감이다.

(2023.2.21.)

그믐밤 하늘을 보며
- 시치료학회 발전을 축원함

아이야, 하늘을 보아라.
달이 없어 별은 더 밝게 빛난다.
호수에 별을 건지러 가자꾸나.

호수에는,
우리 꿈과 소망과 사랑과
날개 파닥이던 작은 새와
꽃잎 아름다운 풀과
향기 짙은 황금빛 열매 가라앉아 산호가 되었다.

호수에는 또,
좌절과 절망과 증오와
얼어죽은 새의 시체와
그 새가 앉았던 삭정이 가지도 가라앉아 삭아간다.

별이 빛나는 밤에 호수에 가서
바닥에 가라앉은 이야기를 건져올려
세모래 강변에 말릴 양이면
어느 새 태양은 빛을 뿌리며 내려와 언덕을 비질한다.

아이야, 달 없는 밤에는 조약돌 깔린 길 더듬어 가서
호수 밑바닥에 가라앉아 물젖은 신화를 건져올리자.
(2022. 12. 7.)

최소영 박사가 운영하는 시치료학회가 있다. 학회 이름으로 내게 축시를 부탁해왔다.

시를 가지고 치료를 한다면, 마음의 치료일 터인데, 마음은 비유적으로 말하자면 깊은 호수와 비슷하다. 호수에는 삶의 과정에서 생긴 온갖 부유물이 가라앉는다. 거기는 상호 모순적 속성을 지닌 것들이 뒤섞여 있다. 그게 삶의 실상이다. 모파상이 〈여자의 일생, Une vie〉에서 말한 바처럼, "삶은 그렇게 기쁜 것도 아니고 또 그렇게 슬픈 것도 아니다." 달리 말하자면 삶은 기쁨과 슬픔이 혼잡스럽게 뒤얽혀 있다는 뜻이다.

우리들의 사유는 어둠속에서 깊어진다. 밝은 태양 아래서는 외부 사물이 산란하는 빛 때문에 속으로 깊이 파들어가 삭여내기가 쉽지를 않다. 햇살이 강렬하게 부서지는 바닷가에서는 글이 잘 안 써진다. 글은 조금 어두운 방에 들어가야 잘 써진다. 내 삶을 돌아보는 일도, 내 안에 웅어리진 상처를 어루만지고 씻어내기 위해서도 얼마간의 그늘은 필요하다.

그믐밤에는 달이 없어서 별이 유난히 선연한 빛을 발산한다. 별빛을 담아안고 안으로 들어오면 내면으로 침잠하기가 제격이다. 그럴 때 시를 읽기도 한다. 시에는 우리들 아름다운 추억과 누추한 과거가 함께 잠겨 있다. 시를 읽는 거기, 내 삶의 실상과 마주하게 된다.

내가 쓴 시는 시 읽기 과정을 다시 시화한 작품이 되는 셈이다. 메타 포이트리 그런 말이 될라나 모르겠다.

해토머리
- 축혼가

동토가 풀리느라고
대지는 안개 토해내어
햇살은 연무처럼 살갗 더듬어 스민다.

나이의 인연 그 30성상
얽혔던 실타래 풀어 들보에 걸던 날

꽃향기 멀리서 다가오매
말은 맥을 놓고 저절로 춤이 되기도 하거니와*

생을 축복하는 환한 웃음밭
겨울에도 꽃피는 화원을 여기 보거니

계절 바꿔 꽃은 피고 지고
그대들 꿈으로 퍼렇게 살아나는 들판

무지개가 하늘에 걸려
이쪽 강언덕에서 저쪽 산록까지 가득한 서기

만개한 꽃그늘 지나

어기찬 발걸음 가을로 여물어가는 말씀이라.

그 날 주례 선생이 '월하노인月下老人' 이야기를 냈다가, 너무 즐거운 탓인지 말끝을 제대로 맺지 못했다. 자신이 중매 겸 주례라는 이야기를 겨우 엮었다. (시의 *부분)

〈태평광기〉에 전하는 '월하노인' 내용은 이러하다.

당나라 때 두릉 지방에 위고라는 젊은이가 있었다. 어느 날 밤 달빛 아래에서 붉은색 실이 가득한 포대를 끼고 열심히 책을 뒤적이는 노인을 만났다.

"어르신, 무슨 책인데 그렇게 열심히 보십니까?"

"천하 남녀의 혼인에 관한 인연을 기록한 책이라네."

"그럼 포대에 든 이 홍실은 어디에 쓰시는 겁니까?"

"이 홍실은 장차 부부가 될 남녀의 손발을 묶는 데 쓰지. 이 홍실로 묶인 남녀는 어떤 곡절이 있어도 결국에는 부부가 된다네." 대답을 하고난 노인은 몸을 일으키더니 책과 포대를 챙겨 시장을 향해 걸어갔다. 위고는 노인을 쫓아갔다. 막 쌀가게에 도착한 두 사람은, 애꾸눈의 여인이 세 살 가량 된 여자아이를 안고 있는 모습을 보았다. 노인은 위고에게 "저 아이가 바로 장래 자네의 아내가 될 사람이라네."라고 알려주었다. 위고는 이 말을 듣고는 노인이 일부러 자신을 모욕하려 한다고 생각해 화를 내고는 하인을 시켜 아까 본 여자아이를 해하려 했다. 명령을 받은 하인은 곧장 쌀가게로 달려가 아이의 이마를 칼로 찌르고 달아났다. 그로부터 십 수 년이 흘러 위고는 벼슬길에 올랐고, 상주자사 왕태의 딸과 혼인하게 되었다. 왕태의 딸은 미간에 연지 종이를 늘 붙이고 있었는데, 이상하게 여긴 위고는 왕태에게 물어보았다.

"따님 미간의 연지종이는 무슨 연유가 있는 겁니까?"

"14년 전 송성에 있을 때 유모가 아이를 안고 시장에 갔다가 갑자기 웬 미친놈에게 칼을 찔렸다네. 다행히 아이의 목숨에는 지장이 없었지만 이마에 상처를 남겼지."

위고는 이 말을 듣고 깜짝 놀라며 다시 물었다.

"혹시 그 유모가 애꾸가 아니었나요?"

"그렇다네, 분명 한쪽 눈이 먼 아낙이었지! 그런데 자네가 어찌 그 사실을 아는가?"

위고는 14년 전 송성에서 '월하노인'을 만난 이야기를 들려주었다. 달빛 아래에서 책을 읽던 그 노인이 하늘의 뜻을 자신에게 전했다는 것을 알았다며 무릎을 쳤다.

월하노인이 인연의 붉은 실을 묶어주어 오늘 혼인을 치룬 내외가 행복을 구가하며 잘 살기를 기원한다.

(2024.1.21.)

덧붙이는 글

소설가 시인의 시교육 이야기
- 나는, 나에게 시를 가르친다

0. 소설가에게 시를 이야기하란다

소설가 지상림이 시집을 낸다고 원고를 정리하고 있을 무렵이었다. 시를 쓴다는 게 무엇인가 생각이 머리를 맴돌았다. 지상림은 시를 쓰면서도 노상 그런 생각을 한다.

마침 한국 시인협회에서 시교육에 대한 발표를 해달라는 부탁이 왔다. 대학에서 문학교육을 연구하고 가르쳤기 때문에, 그런 분야에는 아직 말발이 좀 살아 있다는 뱃심으로 마다하지 않고 응락했다. 물론 조금 망설였다. 내가 그런 모임에 참여할 자격이 있나, 생각해보니, 아하 내가 시를 쓰는 것이었다! 시를 쓰면서 생각한 것들 털어놓고 나는 이렇게 시를 쓰면서 산다고 얘기하자는 셈으로 백담사 만해마을에 갔다. 차편은 협회에서 제공했다.

발표를 수락하는 것은 쉬운 일이다. 그런데 꼭 원고를 보내라 하는 총무의 닦달을 들을 때는 대개 난감해진다. 원고 없이 경험이나 털어놓으면 된다고 불러줄 자리는 없는가. 상림은 고개를 옆으로 저었다. 그런 자리 마련될 때면 시쓰기를 멈춰야 하는 게 아닌가 싶은 생각이 들었다. 아직 발표원고 쓸 수 있다는 게 살아 있다는 증명 같기도 했다.

원고는 인용으로 시작했다. 샤를 보들레르가 〈낭만주의 예술 L'art romantique〉에서 해놓은 발언이 떠올랐기 때문이었다.

〈감옥에서 시는 폭동이 된다. 병원의 창가에서 시는 쾌유를 위한 불타는 열망이다. 시는 단순히 확인만 하는 것이 아니다. 재건하는 것이다. 어디서나 시는 부정不正의 부정否定이 된다.〉

이런 구절을 인용하는 까닭은 시가 단순하지 않다는 점을 강조하기 위해서였다. 시가 단순하지 않은데 시교육이 단순할 까닭이 없지 않겠나. 시교육을 다층적으로 따져보자는 생각이 속에서 고개를 삐주룩이 내밀었다.

내가 시를 쓴다는 걸 빌미로 시교육에 대해 이야기를 하기로 했지만, 어설펐다. 내가 쓰는 시가 정말 시다운 시라 할 수 있나 그런 생각 때문이었다. 지상림처럼 문학을 연구한다고도 하고, 문학교육을 주업으로 한다고도 하는 경우, 나아가 창작을 하는 경우 그런 사태를 뭐라 해야 하나, 망설이다가 한 마디로 말을 줄이기로 했다. 강연의 제목은 그렇게 결정되었다.

'나는, 나에게 시를 가르친다'

가르친다는 것은 알게 하고 스스로 행하게 하며, 행한 것을 성찰하게 하는 일련의 행동을 뜻한다. 잘 알아들을까.... 쉬운 이야기부터 하기로 했다. 약차해서 자신이 모임에 참여하지 못하면 다른 사람이 읽으라고, 어투를 '구어'로 정리했다. 상림으로서는 오랜만에 해보는 일이었다.

1. 시를 가르친다는 게 무슨 뜻인가

시교육의 구조와 의미의 복잡성을 고려하면, 사태와 모순되는 일이지만, 논의를 단순화하기로 하겠습니다. 교육의 장을 생각해 봅시다. '시교육론'은 사범대학 국어교육과에 독립강좌로 설강되어 있습니다. 시교육을 테마로 해서 박사학위 논문이 여러 편 제출되었습니다. 그리고 '시교육론'이라는 책들이 여러 권 출간된 바 있습니다. 시교육이 전문화된 결과입니다.

그런데 역설적이게도 문학의 전문화가 문학에서 독자를 멀어지게 하는 결과를 가져왔습니다. 시와 시교육이 전문화되면 학습자(독자)는 시에 대해 멀미를 냅니다. 시의 생활화, 문학의 생활화를 지향하는 논의가 활발하게 이루어졌으나 결과는 기대에 못 미칩니다. 어떤 시든지 교과서에 들어가기만 하면 재미없다고, 손을 흔들어대잖아요.

시교육을, 시를 가르치고 배우는 일로 규정하고 들어가기만 하면 논의를 진행하기로 합니다. 시를 둘러싼 교육작용 전반을 염두에 두고 이야기 하자는 뜻입니다.

시를 가르친 결과는 시를 안다는 걸로 귀결됩니다. 시를 알게 해주는 게 시교육입니다. 그러면 시를 안다는 건 어떻게 구체화되는가. 거칠게 말해서, 시를 안다는 것은 시를 매개로 하여 문화적 실천을 해낼 수 있다는 뜻입니다. 시를 안다는 것은 다음과 같은 지절로 정리할 수 있습니다.

첫째, 시작품을 기억한다는 것. 어떤 시를 암송할 수 있거나, 그 내용을 대강 설명할 수 있으면, 시를 안다 할 만합니다. "여러분, 만해 한용운 선생의 '님의 침묵' 기억하세요?" 그렇다고 대답하는 분은 시를 아는 겁니다.

둘째, 시의 이름(제목)을 들었을 때, 어느 구절을 떠올리면 시를 안다고 할 수 있습니다. "지금 눈 내리고 매화향기 홀로 아득하니 여기 가난한 노래의 씨를 뿌려라, 이게 누구 시에 나오는 구절인지 아시지요?" 그게 이육사의 시 구절이라고 대답할 수 있으면 시를 아는 겁니다.

셋째, 어떤 장면을 접했을 때, 시의 구절을 연계하여 떠올리면 시를 안다 할 수 있지요. 무용 '승무'를 보다가 "얇은 사 하이얀 고깔은 고이 접어서 나빌레라"하는 구절을 떠올린다든지, 나아가 "고깔이 나비 같다"고 하면 시를 아는 분이지요.

넷째, 어떤 시 텍스트를 제공했을 때, 구조와 의미를 설명할 수 있으면 시를 안다 할 수 있을 것인데, 이제까지 공교육에서 공들여온 부분입니다. 이육사의 〈청포도, 青葡萄〉에서 이미지가 어떻게 구조화되어 있는지 설명할 수 있다면 시를 아는 것이겠지요.

다섯째, 시를 지을 줄 안다면, 다른 설명 달지 않고, 시를 아는 가장 구체적 증거가 될 겁니다. "친구 사이에 시로 화답할 수 있는 분?" 전에 오늘 토론자로 참여한 박외서 교수와 몇 차례 시로 화답한 적이 있습니다. 우리는 시를 안다 할 만한 사이입니다. 나는 시집 다섯 권을 냈는데, 시인으로 등단하는 절차를 거치지는 않았습니다. 등단 안 해도 시를 쓰면 시인입니다, 나는 그렇게 생각합니다.

시를 안다는 것을 이렇게 규정하면, 시와 더불어 대상을 정서적으로 수용하고, 소통하고, 스스로 시를 지을 수 있도록 가르친다면 그게 '시교육'일 겁니다. 교육은 가르치고 배우는 양측면을 동시에 가리킵니다. 그런데 시교육은 나를 향해서 하는 게 가장 절실한, 진실한, 가치로운 교육이 될 겁니다. 시는 무엇보다 자기 자신을 위해 쓰는 겁니다. 안 그렇습니까.

2. 공자는 공짜가 아니다

여기서 왜 공자인가. 공자가 아직 살아있기 때문입니다. 공자 모르는 분 안 계실 겁니다.

시를 가르친다는 것은, 시를 배우면 어떤 효용이 있는가 하는 문제로 전환됩니다. 너무 유명한 공자님 말씀이라서 인용할 필요가 있을까 싶은 대목이 떠오릅니다. 공자는 아들 백어

伯魚에게 꽤 자상했던 모양입니다. 공자가 마당을 서성거리고 있었습니다. 아들이 그 곁을 지나갔습니다. 공자가 아들을 불러놓고 물었다고 합니다. "너는 시를 공부했느냐?" 아들이 대답했다지요. "아직 못 배웠습니다." 공자가 혀를 찼을 것 같습니다. "시를 배우지 않으면 (해박한 지식이 없어) 남에게 할 이야기가 없느니라." (不學詩면, 無以言이라) 해서 아버지의 조언을 듣고 물러나 시를 공부했다는 것입니다. (鯉退而學詩) 당시, 자그마치 이천 오백년 전, 시가 지식층의 공통된 교양이었다는 점을 알게 하는 대목이기도 합니다.

시를 공부하면 얻을 수 있는 효용은 이렇게 구체화됩니다. 공자가 제자들에게, 자네들은 왜 시를 공부하지 않는가 물었답니다. 그리고는 자문자답 형식으로 말합니다. 옛날이나 지금이나 학생들은 선생의 질문에 대답을 잘 안 하거든요.

"너희들은 어찌하여 시를 배우지 않느냐? 시는 의지를 흥기시키고, 시정時政을 관찰할 수 있게 하며, 사람들과 어울리게 하며, (화를 내지 않고도) 원망할 수 있게 하며, 가까이는 어버이를 잘 모실 수 있게 하며, 멀리는 임금을 섬길 수 있게 하고, 새와 짐승, 풀과 나무의 이름을 많이 알게 된다." (子曰 小子는 何莫學夫詩오. 詩는 可以興이며 可以觀이며 可以群이며 可以怨이며 邇之事父며 遠之事君이요 多識於鳥獸草木之名이니라 〈論語〉, 陽化篇)

공자는 시의 본질이 '사무사, 思無邪'라고 요약합니다. 〈시경

詩經)에 들어갈 만한 좋은 시 300편을 골라 편집하고, 그 내용 특징이 '삿됨이 없음을 생각하게 한다'는 것입니다. 이러한 시관을 바탕으로 한다면, 위에 인용한 구절은 달리 설명할 수 있을 것입니다. 소통과 공감은 물론 지식의 습득까지 시가 감당하는 효능이 생애 전반에 걸쳐 있다는 점은 주목해 보아야 합니다. 당대 교양인 혹은 식자층이라면 마땅히 시를 알아야 한다는 생각이 담겨 있다는 점을 다시 확인하게 합니다. 요새는 어떤가요.

근대에 와서 시의 효능은 전문화된 논리 가운데 분화됩니다. 그 분화된 양상은 현행 교육과정을 통해 명확하게 드러납니다. 골치 아프다고 하지 마시고 확인하는 의미에서, 한번 같이 생각해 보기로 합시다.

3. 학교에서도 시를 가르쳐?

학교에서 가르치는 과목은 일단 중요한 가치를 지닌다고 사회적으로 합의된 것입니다. 교육과정이라는 문건에 시를 가르쳐야 하는 이유가 밝혀져 있습니다. 거듭 말하지만, 교육과정은 교육내용에 대한 사회적 합의라는 성격을 지닙니다. 교육과정은 교육의 목표, 내용, 교육 방법, 평가 방법 등에 걸쳐 핵심 내용을 적시한 공적인 문서입니다. 교육과정에 따라 교과서를 편찬하고, 그 교과서를 바탕으로 '수업'과 평가가 이루어집니다. 따라서 교육과정은 공식교육의 지남指南 역할을 한다고 보는 게 일반입니다.

2022년에 개정된 고등학교 국어 과목 가운데 '문학'의 목표는 이렇게 되어 있습니다. 오늘 제 이야기 듣는 여러분은 어디 가든 '교육과정' 이야기할 자격이 있습니다. 이 모임에 참여한 덕으로 말이지요.

"문학 작품의 수용-생산 활동을 통해 창의적인 문학능력을 기르고, 문학의 본질과 양상에 대한 이해를 심화하며, 타인과 세계와 소통하여 자아를 성찰하고 문학문화의 발전에 기여한다." 이를 세분화하여 다음과 같은 항목이 설정되어 있습니다.

(가) 문학의 본질과 가치, 한국 문학의 성격과 역사에 대해 입체적으로 이해한다.

(나) 작품의 수용과 생산 활동을 중심으로 창의적, 심미적, 성찰적으로 사고하고 소통하는 능력을 기른다.

(다) 문학을 통해 인간과 세계를 총체적으로 이해하고 공동체의 문화 발전에 기여하는 태도를 기른다.

이러한 목표는 '문학'이라는 교과의 성격에 연유합니다. 고등학교에서 '문학'은 국어의 한 영역에 듭니다. 여기 길게 서술된 성격 가운데 이 글에 맥이 닿는 문학 부분을 적시하면 다음과 같습니다.

" '문학'에서 추구하는 역량은 비판적·창의적 사고 역량, 자료·정보 활용 역량, 의사소통 역량, 공동체·대인 관계 역량, 문화 향유 역량, 자기 성찰·계발 역량이다. 비판적·창의적 사고 역량은 다양한 상황이나 자료, 담화, 글을 주체적인 관점에서 해석하고 평가하여 새롭고 독창적인 의미를 부여하거나 만드는 능력이고, 자료·정보 활용 역량은 필요한 자료나 정보를 수집·분석·평가하고 이를 효과적으로 활용하여 의사를 결정하거나 문제를 해결하는 능력이다. (한 단락은 생략합니다.)

학습자는 작품에 대한 주체적 해석과 심미 체험을 바탕으로 하여 자료·정보 활용 역량과 자기 성찰·계발 역량, 문화 향유 역량을 기르고, 다양한 사람들과 작품 세계를 공유하고 소통하는 가운데 의사소통 역량과 공동체·대인 관계 역량을 기른다. 또한 작품의 수용과 생산 과정에서 창의적이고 복합적인 사고를 수행함으로써 비판적·창의적 사고 역량을 함양한다."

문학으로 인간의 모든 국면을 빠짐없이 감당하려는 포괄적, 총체적 의지가 반영되어 있습니다. 과연 이렇게 세분화된 목표를 학교교육의 실제에서 얼마나 달성할 수 있을지는 의문이 들기도 합니다. 어찌 보면 시는 단순하거든요. 교육과정상 요구가 너무 큽니다.

교육과정은 부단히 수정하면서 이상형ideal type**을 찾아가는 과정적 성격을 지닙니다. 그리고 당대 사회의 시대정신을 반영하게 마련입니다. 아울러 당대의 문화변동을 반영하는 게 정칙입니다. 매체의 발달과 보급으로 인해 문학의 '문학성'을 다시 보아야 하는 상황이 되었습니다. 이 또한 교육과정에 반영되어야 하는 사항입니다. 현재 활발한 논의 과정에 있는 포스트휴먼 시대에 대한 고려도 곧 교육과정에 포함되어야 할 것으로 봅니다. 포스트 휴먼 시대의 시는 어떤 문화위상을 지닐 것인가. 이왕의 문학과는 어떤 관계설정을 해야 할 것인가, 사회적으로 문학이 향유되는 양상은 어떻게 달라질 것인가 등이 고려항목으로 부각할 것입니다.

시대의 변화 가운데 고전적 개념의 시는 여전히 유효성을 지닐 것입니다. 더구나 문화변화의 보수성을 반영하는 교육에서는 '정전正典, canon'이 역량을 발휘할 걸로 보입니다. '정전'은 사회적 합의로 구성되는 텍스트의 집합으로 규정할 수 있습니다. 그것은 지속성과 가변성을 동시에 지닙니다. 어떤 시대든지 자기 시대에 맞는 정전을 개발해 나가면서 시를 향유합니다.

4. 오래 남는 시

시를 안다는 게 무엇인가 하는 이야기에서, 시 텍스트와 그에 연관되는 사항을 기억하는 일이라고 했습니다. 하면 어떤 시가 오래 기억에 남는지 생각해보기로 합시다. 교과서 편찬자들이 교과서에 수록하고자 하는 시들은 대개 당대에 교육과정을 입안하는 주체들의 문학체험이 반영된 대상들입니다. 즉 교과서 편찬자들이 기억하는 시들이 교과서에 들어간다고 할 수 있습니다. 그 기억은 개인적 기억과 집단기억을 두루 포괄합니다. 문학에 대한 이러한 기억은 문화의 전승과 창조에 기여하는 것은 물론입니다.

(1) 교과서에서 배운 시가 오래 남습니다. 교과서 문학, 교과서 시, 교과서 소설이라는 말이 있습니다. 한마디로 재미없는 문학이라는 거지요. 문학이 교과서에 들어가면 재미없어진다는 것은 무슨 뜻인가. 문학 본래의 즐거운 향유(享有, la jouissance)를 상실하는 까닭은 이렇습니다. 교과서에 들어간 문학은 즐기는 대상이 아니라 '이해'의 대상으로 환원됩니다. 문학을 가르치는 방법이 설명으로 일관하는 것도 문학을 재미없게 합니다. 더구나 그게 각종 시험에 나온다는 것은 끔찍한 일입니다.

그러나 제 경험으로, 독자가 오래 기억하는 문학의 대부분은 중고등학교 때 교과서에서 배운 것들입니다. 교육과정이 제시하는 제약을 따라야 한다는 문제가 있기는 하지만, 교과서에 실리는 시(문학)는 한국 시사詩史의 중요 텍스트들입니다. 그런 시들을 기억하고 있다는 것은 대단한 문화자본을 가지고 있다는 뜻이 될 겁니다.

기억을 떠올려 보세요. 중·고등학교 때 어떤 시를 배웠는가.

교과서에서 배운 시 외에 알고 있는 시들은 어떻게 알게 되었는가. 문학을 전문으로 하는 이들은 체험에 따라 기억하는 시가 다를 것입니다. 제 경험으로는, 대중강연에서 청중이 기억하는 시들은 대부분 교과서에 실렸던 것들이었습니다.

교육과정을 따라 편찬된 교과서의 시들은 양적으로 너무 제한되어 있습니다. 배당시간의 한계, 교과서 지면의 한계, 교육목적으로 인한 제한 등으로 양적으로 빈약할 수밖에 없습니다. 이른바 청소년의 성장단계에 맞는 작품을 고르기가 결코 쉽지 않습니다. 교과서 편찬자가 상정하는 학습자의 발달단계는 매우 임의적입니다.

교과서의 제약을 벗어나 풍부한 양의 작품을 읽게 해야 합니다. 프랑스의 생 말로란 도시에 자끄라는 친구가 삽니다. 그의 집을 방문할 기회가 있었습니다. 아이들이 쓰던 방을 안내했는데, 삼면 벽의 서가는 모두 문학작품으로 차 있었습니다. 아이들이 중고등학교 다니는 동안 읽은 작품이랍니다. 문학 이론을 가르치기보다는 작품을 읽는 체험을 중시하는 면모를 확인할 수 있었습니다.

대학에 근무하는 동안, 중·고등학교 교육과정에 '문학도서목록'을 제시하자고 교육과정 개정시기마다 수차례 제안을 했습니다. 그러나 현실적 여건을 들어 번번이 거부당했습니다. 학교에서 모든 걸 감당하려 하지 말아야 합니다. 아이들 스스로 문학을 향유할 수 있는 기회를 만들어 주어야 합니다. 그런데 현실은 시 읽을 가능성을 제한합니다. 아침 7시부터 밤 10시까지 학교에서 공부하고 시 읽을 시간을 어떻게 확보할 수 있겠습니까. 학생도 사람인데 잠도 자야 살지 않아요?

(2) 나와 인연 있는 인사가 언급한 시

나의 대학 은사께서 정년기념강연에서, 이형기 시인의 〈낙화〉를 낭송한 적이 있었습니다. 당신이 이제는 돌아갈 때가 되었다면서 이 시를 읊었는데요, 시 텍스트의 첫 연은 이렇게 되어 있습니다.

"가야 할 때가 언제인가를/ 분명히 알고 가는 이의/ 뒷모습은 얼마나 아름다운가."

얼마 뒤 은사 선생님의 제자되는 분이 전화를 해왔어요. 당신도 그 모임에 참여해서 강연을 들었는데, 시가 기억에 남아 찾아보려는데 찾아지지 않는다면서, 나더러 찾아달라는 것이었습니다. 이 시를 찾아 보내면서 나는 시를 몇 차례 음미할 기회를 가졌습니다. 사실 첫 연은 관념적이라서 그다지 시적이지는 않습니다. 그러나 뒤에 전개되는 산뜻한 이미지는 기억에 오래 남습니다. 그리고 끝 연은 속기俗氣를 넘어 산뜻한 이미지와 함께 '낙화'에서 영혼의 성숙을 보아내는 시적 에스프리가 살아 있습니다.

유명인사가 아니라도 나와 생애의 연이 닿아 있는 누군가가 읽던 시는 내게 오래 남습니다. 시를 연애에 왜 이용하지 않는지 잘 모르겠습니다. 옛날 애인이 편지에 적어 주었던 시, 그런 기억 있으세요?

(3) 다양한 텍스트연관성을 지닌 시

이형기의 〈낙화〉에서 첫 연 "가야 할 때가 언제인가를 분명히 알고 가는 이의 뒷모습은 얼마나 아름다운가" 하는 구절이 이 시를 유명하게 만들었습니다. 결별이 이룩하는 축복 부분은 대표적인 역설법의 예 가운데 하나입니다. 해당 시는 어떤 출판사 중학교 국어 교과서에도 수록되어 있어요. 예전 7차 교육과정에서는 3학년 1학기 국어 교과서 첫 단원에 수록되어 있었던 걸로 기억합니다.

이 시와 같은 제목의 작품들이 기억납니다. 우선 조지훈의 시 〈낙화〉가 그건데요, 보시지요. (청중 여러분이 스스로 낭독해 보면 더 좋겠습니다.)

꽃이 지기로서니/ 바람을 탓하랴// 주렴 밖에 성긴 별이/ 하나 둘 스러지고// 귀촉도 울음 뒤에// 머언 산이 다가서다.// 촛불을 꺼야 하리/ 꽃이 지는데// 꽃 지는 그림자/ 뜰에 어리어// 하이얀 미닫이가/ 우련 붉어라.// 묻혀서 사는 이의/ 고운 마음을// 아는 이 있을까/ 저어하노니// 꽃이 지는 아침은/ 울고 싶어라.

이 작품은 우리들이 익숙하게 보아온 고전과 텍스트연관성을 대고 있습니다. 소재와 정서 차원이 모두 고전적입니다.

청마 유치환도 〈낙화〉란 시를 남겼는데, 눈오는 소리가 난다는 겁니다. 눈을 낙화로 본 겁니다. 같은 '낙화'인데 유치환은 꽃이 지는 것을 소리도 쟁쟁하게 내리는 눈발로 치환해 놓고 있습니다. 이 이미지의 도발적 산뜻함 때문에 우리는 이 시를 오래 기억하게 됩니다.

박종권이란 시인의 '낙화'는 광주민주화운동을 '사랑이 솟아났다가 떨어지는' 걸로 그리고 있습니다. '낙화라는 어휘는 〈낙화유수〉라는 노래를 떠올리게 할 만도 합니다. "이 강산 낙화유수 흐르는 봄에/ 새파란 젊은 꿈을 엮은 맹세야" 그렇게 나가는 노래 말입니다.

(4) 노래가 된 시가 오래 남는다

마산역 앞 광장 한켠에 이은상의 〈가고파〉 노래비가 있습니다. 그 시 모르는 분은 없을 겁니다. 시가 노래가 되어 사람들이 오래 기억하는 겁니다. 밥 딜런의 〈바람 속에서〉 같은 작품은 자세히 보면 가사가 시입니다.

김소월의 〈부모〉, 정지용의 〈향수〉, 박두진의 〈꽃바람 속에〉, 서정주의 〈푸르른 날〉 등 많은 시가 노래로 불립니다. 자작가수(싱어 송 라이터)들의 노래 가운데, 시적인 세련성을 지닌 작품들도 다수 예를 들 수 있을 겁니다.

중.고등학교 때 그렇게 많이 불렸던 행사노래가 시작품이라는 걸 생각하면, 노래가 된 시가 오래 기억에 남는다는 점을 실감하게 됩니다. 한번 노래하고 끝나는 게 아니라 반복해서 노래하기 때문에, 거듭해서 들을 기회가 있기 때문에 기억에 깊이 각인되는 겁니다.

시가 곧 노래라고 배웠고 그렇게 가르칩니다. 그래서 시를 읽는다 하지 않고 읊는다고 하잖아요. 조선시대의 시조는 기본적으로 읊는 것이었습니다. 근대로 들어오면서 개인의 생활에서 내면성을 추구하게 되고, 복잡다단한 인간 심리를 시로 쓰다 보니 시의 '노래성'이 가독성으로 대치되었습니다.

이전에 '시회'라는 모임이 있었습니다. 시회는 술 마시고 시를 읊는 모임이었습니다. 누군가 먼저 선창하면 화답하는 형식이 창화唱和입니다. 때로는 순서를 정해 시를 읊는 경우도 있었던 모양입니다. 그 예를 왕희지(303-361)의 '난정서蘭亭敍'(353)에서 볼 수 있습니다. 1700년 저쪽의 일인데 어제 일처럼 느껴집니다.

시를 읽는 게 아니라 '읊는' 식으로 시를 향유하는 방법을 모색할 필요가 있습니다. 이는 시의 음악성을 살리는 방법일 것입니다.

5. 시가 어려우면 이야기로 풀어라

문학을 이해하는 데 장르는 그 효용이 반반인 듯합니다. 도움이 되기도 하고, 크게 기여하지 못하기도 합니다. 인간사에는 서정과 서사가 얽혀 있게 마련입니다. 한 편의 작품을 서정으로 분류할 것인가 서사로 분류할 것인가 하는 문제는, 텍스트에서 어떤 속성이 지배적인가 하는 데 그 요점이 있습니다. 백석의 〈여승 女僧〉은 텍스트 자체가 서사성을 바탕으로 하고 있습니다. 너무 유명한 시라서 인용은 하지 않겠습니다.

이 시에서 흔히 서정적 자아라 하는 '행위주체'는 '나'로 설정되어 있습니다. 나와 여승의 관계는 명확하지 않습니다. 다만 지금 여승이 된 여인의 신산辛酸한 생애를 나는 잘 알고 있어요. 그 생애를 순서를 거슬러 오르내리면서 서술해주는데, 한 여인이 여승이 된 연유를 이야기하듯 들려줍니다.

이야기로 풀어볼까요. 딸을 하나 둔 여인. 남편은 집을 나가 십 년이 되어도 돌아오지 않습니다. 생계를 위해 여인은 금점판(광산촌)에서 옥수수 장사를 하며 딸을 키웠어요. 그런데 어린 딸이 죽어 돌무덤에 묻었다네요. 홀몸으로 의지가지 없게 된 여인은 머리를 깎고 중이 되었습니다. 머리를 깎던 날 산꿩도 슬피 울고 머리카락은 눈물방울과 같이 떨어졌습니다. 사실 '같이'는 중의적입니다. '눈물방울처럼'인지 '눈물방울과 더불어'인지. 여러분은 어느 쪽에 손을 들겠습니까.

얼마 후, 나는 여승이 된 여인을 만나게 됩니다. 쓸쓸하게 늙은 여승, 알싸한 가지취 냄새를 풍겼어요. 그 여승을 바라보는 나는, 읽어도 읽어도 도무지 이해가 안 되어 덮어 둔 결과 먼지 앉은 불경처럼 서러움을 느낍니다. 이 시를 이렇게 서사로 풀어 읽는 것은, 인간사 그런 삶이 있다는 일종의 '진실'을 읽어내는 방법일 겁니다.

서사로 풀기 어려운 경우도 있습니다. 서사는 배제되고 이미지 중심으로 구성된 시도 있기 마련입니다. 박목월의 〈불국사〉가 그렇습니다.

흰 달빛/ 자하문// 달 안개/ 물소리// 대웅전/ 큰 보살// 바람소리/ 솔소리// 범영루泛影樓/ 뜬 그림자// 흔흔히/ 젖는데// 흰 달빛/ 자하문// 바람소리/ 물소리.

이 텍스트는 범영루의 그림자가 '흔흔히 젖는다'는 서술어 말고는 모든 연聯이 명사로 나열되어 있습니다. 명사란 무엇인가. 사물의 이미지입니다. 행위주체도 서술주체도 겉으로 드러나 있지 않아요. 평이하게 생각하면 시인이 행위주체이며 서술주체를 겸하고 있다고 볼 수 있어요. 그러나 이는 언어운용의 일반 원칙에 어긋납니다. 용어의 적절성은 다시 고려하기로 하고, '시적자아'란 주체를 설정하여 이 텍스트를 서사로 재구성해 보기로 합시다.

 시적자아란 용어 대신에 '시객詩客'이란 어휘를 쓰기로 하지요. 시텍스트 안에 전제되거나 상정되는 인물figure을 생각할 수 있는데, 어슬렁대는 시인이니, 가객처럼, 시객이라고 해둡시다.

 시객이 어느 저녁 불국사에 들렀어요. 우선 눈앞에 자하문이 우뚝 솟아 보입니다. 달무리가 안개처럼 흩어져 있고 어디선가 물소리가 들려오는 듯합니다. 대웅전으로 다가가 보니 그 안에 부처상이 앉아 있습니다. 한참 쳐다보고 있노라니 바람소리가 들리고 그게 소나무 위를 스쳐갑니다. 대웅전을 벗어나 뜰을 가로질러 걷다 보니 범영루가 높직하게 서 있고, 어딘가(연못에, 영지?) 그림자를 드리운 것 같지 않나요. 범영루 그림자가 솔바람 소리에 젖은 듯합니다. 대웅전 중정을 벗어나 바라봅니다. 자하문에 흰 달빛이 내려앉아 있고. 바람소리가 들리고 물소리도 거기 섞여 들립니다. 시객은 불국사 경내를 벗어나 솔숲을 가로질러 걸어가네요. 밤에 불국사 돌아본 인상을 속으로 음미하면서.

 이미지 중심으로 구축되어 있는 시를, 시객이라는 주체를 개입하여 서사로 이해함으로써, 이 시의 구조를 명확하게 드러내는 일이 시읽기입니다. 알티에리라는 문학이론가는 이런 말을 해 놓았습니다. "한 편의 시는 하나의 드라마다." (Charles Altieri, *Act & Quality: A theory of Literary Meaning*,

University of Masachusetts Press, 1981.) 시는 기본적으로 서사구조로 되어 있다고 바꾸어도 좋겠습니다. 시를 사사구조로 파악하는 것은 시를 이해하는 방법일 뿐만 아니라, 시를 창작하는 과정을 이해하는 일이 되기도 합니다. 창작과정은 그게 '과정'인 한 서사적입니다. 책상에 앉아 시를 쓰더라도 그 시에는 어떤 일인가 '사건'이 잠재되어 있기 마련입니다.

6. 시를 쓰지 말고 읽기만 해라(?)

이런 이상한 생각이 듭니다. "학교 현장에서 시쓰기 금지에 관한 특별법이 공포된 적이 있다." 3차교육과정기, 문학교육과정 목표를 문학의 '이해와 감상'으로 제한하고 있습니다. '시쓰기'에 대해서는 말이 없습니다. 그건 시인의 전문적인 일이기 때문에 학교에서 손댈 과제가 아니라는 겁니다.

학생들이 시를 쓰지 못하게 하는 이상한 교육환경에서, 우리는 시교육을 도모해왔습니다. 그리고 우리 자신을 그렇게 길렀습니다. 소설의 경우도 마찬가지입니다. 시나 소설이나 학습자와는 연관이 없는 어른, 전문가의 일이라고 치부하기 때문에 이런 기현상이 빚어진 겁니다. 그리고 문학은 물을 것도 없이 예술이기 때문에 보통교육에서 다루지 말아야 하다는 논리도 작용한 걸로 보입니다.

노래하지 않는 음악교육. 그림 안 그리는 미술교육. 그런 예술교육을 상상이나 할 수 있는가. 문학의 실천은 문학작품을 만들어보는 데서 시작합니다. 문학을 멀리 떼어놓고, 이해하고 감상이나 하라고 하는 교육과정목표가 바뀌는 데는 오랜 시간이 걸렸습니다. 지금은 교육과정에서 문학의 '수용과 창작' 양편을 모두 다루도록 되어 있습니다. 읽고, 써보란 거지요.

문학교육에서 '창작'을 정당하게 수용하지 못한 데에는 몇 가지 원인이 있었던 걸로 생각됩니다. 크게 보면, 문학 창작은 전문가의 예술영역이라는 오해가 맨 앞에 자리잡고 있습니다. 문학이 음악과 미술 같은 순정한 의미의 예술인가 하는 데는 근원적 의문이 있습니다. 당연한 이야기 같지만, 문학은 언어행위의 일종입니다. 문학능력은 언어능력 가운데 하나고요. 이런 주장을 하면 문학을 독서와 쓰기 영역에 포함하면 충분하지 않은가, 그런 영역이기주의적 반론이 제기됩니다. 이는 뭐랄까, 같은 돌로 되어 있으니까 '돌부처'와 '맷돌'을 같은 석물로 다루어야 한다는 주장과 다를 바 없습니다. 시인이나 소설가는 전문인입니다. 노래하고 이야기하는 일은 일상인의 일상사입니다. 속성으로 본다면 일상언어 가운데 문학이, 문학능력이 모두 들어 있다고 보아야 합니다. 그러나 시인과 소설가는 일상언어를 넘어섭니다.

인간이 대상을 인식하는 방법에 대한 편견이 문학교육에서 창작을 배제하는 쪽으로 몰고갔는지도 모릅니다. 시인의 대상인식 방법과 소설가의 그것은 근원적 차이가 있고, 서로 경계를 넘나들기 어렵다는 전제는, 일상어와 문학어를 갈라보는 결과를 초래했습니다. 그런데 세상과 접하면서 사는 개인을 중심으로 본다면, 언어기능은 통합적으로 발휘됩니다. **사람들은 시적으로 느끼고 소설적으로 이야기하며, 비평적으로 논의하는 게 진실입니다.**

어떤 대상을 대하든지 느낌이 먼저 오고 세세한 이야기는 그 느낌 뒤에 따라붙습니다. 이러한 원리를 우공이라는 소설가는 〈소리 숲〉이라는 작품으로 실험해 보여주었습니다. 소설의 장면에 대한 인상을 해당 장의 맨 앞에다가 시로 제시하고, 그 분위기에 맞는 이야기를 뒤에 서술하는 식으로 소설을 구성한 예가 그 작품입니다. 독자 편에서 보자면 시와 소설을 한꺼번에 읽어야 하는 의무는 없습니다. 다만 인간의 대상인식 구조를 새롭게 체험한다면 그 자체가 의미있는 일로 생각되기는 합니다.

시를 잘 이해하는 가장 좋은 방법은 여러분 스스로 시를 써보는 겁니다. 여러분이 쓴 시의 가치, 수준 그런 데 자신이 없다고 하시는 분들 많습니다. 그건 쓰고 난 뒤의 문제입니다. 유치하다 할까봐 걱정이라고요? 왜 그러잖아요, 운전 못 한다고 핀잔하면, 당신도 한때는 초보였다, 그렇게 대답하잖아요. 시도 그렇습니다. 아무리 대단한 시인도 처음에는 아마추어였습니다. 여러분 힘내세요.

제가 준비한 내용은 여기까지입니다.

청중들이 박수를 쳤다. 지상림의 등이 땀으로 끈끈하게 젖어 있었다.

사회자가 질문 있는 분 질문하라고, 질문을 만들어내고 있었다. 지상림은 사회자를 흘겨보았다.

청중 가운데 손을 드는 이가 있었다. 지상림은 일시 긴장했다. 전에 대학에서 가르친 적이 있던 여학생 얼굴을 빼닮아 보였기 때문이었다.

"교수님은 시를 쓰면서 어떤 보람을 느끼세요?"

지상림이 긴장한 데 비하면 질문은 평이했다.

"결론부터 말하자면, 나는 나에게 삶의 이유를 대기 위해 시를 씁니다."

사실 삶의 이유는 거창한 주제이기도 하고, 규정되지 않는 화두이기도 했다. 말하자면 삶에 대한 해석학적 의미부여일 터인데 그게 몇 마디 말로 어찌 가능하겠는가. 평이하기는커녕 숨통 조이는 질문이었다.

"내가 내 이야기를 하면 객관성이 떨어집니다. 그래 다른 시인 이야기를 하려 합니다."

지상림은 자기 경험을, 존칭어미를 구사하면서 간결하게 이야기했다.

시인 Q씨를 만난 적이 있습니다. 거두절미하고 시를 쓰면 어떤 보람이 있는가, 투박하게 물었습니다. 역시 시인이라 '순진해서' 자신의 시쓰는 보람을 털어놓았습니다, 고맙게도 말이지요.

첫째, 시를 쓰면 살아 있다는 느낌을 준다.

둘째, 시 한 편을 완성했을 때, 완성의 기쁨을 느낀다.

셋째, 나는 시를 통해 세상을 비웃기도 한다. 풍자를 통한 자기 카타르시스가 시를 쓰는 보람 가운데 하나라는 고백입니다.

저는 시인이 이야기하는 내용을 노트에 받아 적으면서, 사람들이 왜 발레리의 한 구절을 그렇게 자주 인용하는지를 생각했습니다. 일본에서는 같은 제목으로 영화가 만들어지기도 했습니다. 〈해변의 묘지〉 마지막 연 첫 구절은 이렇습니다.

"바람이 인다, 살겠다고 애써보아야겠다."

지상림은 그 구절이 프랑스어로 Le vent se lève ! il faut tenter de vivre. 라는 걸 환기했다.

"결론적으로 시교육에서, 시가 생의 감각을 일깨운다는 걸 가르쳐야 할 겁니다. 그리고, 넓은 의미의 교사는 학습자와 더불어 그러한 생의 기쁨을 향수하는 창작경험을 실천으로 이끌어가야 하리라고 생각합니다. 그런데 교육의 궁극적인 대상은 자기 자신입니다.

아주 짧게 줄여 말하면 이렇습니다. "나는 나에게 시를 가르친다." 시를 읽고, 시를 쓰라고 가르칩니다. 내가 내놓는 작품들은, 시든 소설이든 내가 나를 가르치는 방법의 모색이며, 그 결과 얻은 보람의 기록입니다."

 지상림이 청중을 바라보고 있는 동안, 누군가 핸드폰으로 이미자의 노래 '내 삶의 이유 있음은'을 틀었다. 자칫 했으면 자기 시집 사서 읽어달라고 할 뻔했다. 다시 등에 끈적한 땀기운이 느껴졌다.*

우한용의 詩/話 시집
나는, 나에게 시를 가르친다

인쇄 2024년 10월 25일
발행 2024년 10월 30일

지은이 우한용
발행인 서정환
펴낸곳 수필과비평사
주소 서울시 종로구 삼일대로 32길 36(익선동 30-6 운현신화타워) 305호
전화 (02) 3675-3885 (063) 275-4000 · 0484
팩스 (063) 274-3131
이메일 essay321@hanmail.net
출판등록 제300-2013-133호
인쇄·제본 신아출판사

저작권자 ⓒ 2024, 우한용
이 책의 저작권은 저자에게 있습니다. 서면에 의한 저자의 허락없이 내용의 일부를
인용하거나 발췌하는 것을 금합니다.
COPYRIGHT ⓒ 2024, by Woo Hanyong
All right reserved including the rights of reproduction in whole or in part in any
form.
잘못된 책은 바꿔 드립니다.

ISBN 979-11-5933-549-5 03810
값 13,000원

Printed in KOREA